Index of *Zhonghua Daozang*

中華道藏書目總錄

# Index of
## *Zhonghua Daozang*

中華道藏書目總錄

Fabrizio Pregadio

Golden Elixir Press
2009

Golden Elixir Press
Mountain View, California
www.goldenelixir.com

© 2009 Fabrizio Pregadio

No part of this book may be reproduced in any form or by any means,
electronic or mechanical, including photocopying and recording,
or by any information storage and retrieval system,
without permission in writing from the publisher.

ISBN 978-0-9843082-0-0 (pbk)

CONTENTS

Format and Conventions, vii

Part 1    Texts in *Zhonghua Daozang*, 1

Part 2    Editions, 59
          *Zhengtong Daozang*, 61
          Dunhuang Manuscripts, 106
          Other Texts, 108

Format and Conventions

The index is divided into two parts:

Part 1 contains a list of texts in the *Zhonghua Daozang*. The first column gives volume and text numbers; the second column gives text titles as found in the *Zhonghua Daozang*; the third column gives references to the "base editions" (*diben* 底本) used in the *Zhonghua Daozang*.

Part 2 contains lists of texts used as "base editions", divided into three sections: (a) Titles of texts as found in the *Zhengtong Daozang*; (b) Dunhuang manuscripts; (c) Other texts.

Part 2(a) effectively serves as a tool to locate *Zhengtong Daozang* texts in the *Zhonghua Daozang*.

The graphs at the right of the following variations have been consistently used instead of the graphs at the left:

无：無　升：昇　呪：咒　岳：嶽　炁：氣
迹：跡　秘：祕　註：注　羣：群　殟：瘟

The abbreviation "CT" precedes the numbers assigned to *Zhengtong Daozang* texts in Kristofer Schipper, *Concordance du Tao-tsang: Titres des ouvrages* (Paris: École Française d'Extrême-Orient, 1975).

An asterisk (*) shows that a text in the *Zhonghua Daozang* corresponds to more than one text in Schipper's *Concordance du Tao-tsang*.

A ring (°) shows that there are variants in the titles of texts as found in the *Zhengtong Daozang* and the *Zhonghua Daozang*.

# Part 1

# Texts in *Zhonghua Daozang*

# 三洞真經
## Three Caverns

## 洞真上清經
## Shangqing

### Vol. 1

| | | |
|---|---|---|
| 01 / 001 | 上清大洞真經 | CT 6 |
| 01 / 002 | 上清大洞真經玉訣音義 | CT 104 |
| 01 / 003 | 大洞玉經 | CT 7 |
| 01 / 004 | 洞真高上玉帝大洞雌一玉檢五老寶經 | CT 1313 |
| 01 / 005 | 大洞金華玉經 | CT 254 |
| 01 / 006 | 上清九天上帝祝百神內名經 | CT 1360 |
| 01 / 007 | 洞真太上素靈洞元大有妙經 | CT 1314 |
| 01 / 008 | 洞真太上道君元丹上經 | CT 1345 |
| 01 / 009 | 上清明堂玄丹真經 | CT 1381 |
| 01 / 010 | 上清素靈上篇 | CT 1371 |
| 01 / 011 | 太上九真明科 | CT 1409 |
| 01 / 012 | 上清金真玉光八景飛經 | CT 1378 |
| 01 / 013 | 上清太上八素真經 | CT 426 |
| 01 / 014 | 洞真太上八素真經服食日月皇華訣 | CT 1323 |
| 01 / 015 | 洞真太上八素真經精耀三景妙訣 | CT 1320 |
| 01 / 016 | 洞真太上八素真經修習功業妙訣 | CT 1321 |
| 01 / 017 | 洞真太上八素真經三五行化妙訣 | CT 1322 |
| 01 / 018 | 洞真太上八素真經登壇符札妙訣 | CT 1324 |
| 01 / 019 | 洞真太上八素真經占候入定妙訣 | CT 1325 |
| 01 / 020 | 洞真上清太微帝君步天綱飛地紀金簡玉字上經 | CT 1316 |
| 01 / 021 | 上清太上帝君九真中經 | CT 1376 |
| 01 / 022 | 上清太上九真中經絳生神丹訣 | CT 1377 |
| 01 / 023 | 上清八道祕言圖 | CT 430 |

| | | |
|---|---|---|
| 01 / 024 | 太上玉晨鬱儀結璘奔日月圖 | CT 435 |
| 01 / 025 | 上清太上迴元隱道除罪籍經 | CT 1362 |
| 01 / 026 | 太上三天正法經 | CT 1203 |
| 01 / 027 | 上清大洞九微八道大經妙籙 | CT 1395 |
| 01 / 028 | 上清黃氣陽精三道順行經 | CT 33 |
| 01 / 029 | 上清外國放品青童內文 | CT 1373 |
| 01 / 030 | 皇天上清金闕帝君靈書紫文上經 | CT 639 |
| 01 / 031 | 太微靈書紫文仙忌真記上經 | CT 179 |
| 01 / 032 | 太微靈書紫文琅玕華丹神真上經 | CT 255 |
| 01 / 033 | 洞真太上紫度炎光神玄變經 | CT 1332 (°) |
| 01 / 034 | 洞真上清青要紫書金根眾經 | CT 1315 |
| 01 / 035 | 洞真太上三九素語玉精真訣 | CT 1327 |
| 01 / 036 | 上清三元玉檢三元布經 | CT 354 |
| 01 / 037 | 上清丹景道精隱地八術經 | CT 1359 |
| 01 / 038 | 洞真上清神州七轉七變舞天經 | CT 1331 |
| 01 / 039 | 洞真太一帝君太丹隱書洞真玄經 | CT 1330 |
| 01 / 040 | 上清洞真元經五籍符 | CT 82 |
| 01 / 041 | 上清太一帝君太丹隱書解胞十二結節圖訣 | CT 1384 |
| 01 / 042 | 洞真上清開天三圖七星移度經 | CT 1317 |
| 01 / 043 | 上清天關三圖經 | CT 1366 |
| 01 / 044 | 上清九丹上化胎精中記經 | CT 1382 |
| 01 / 045 | 上清胎精記解結行事訣 | CT 408 |
| 01 / 046 | 洞真太上九赤班符五帝內真經 | CT 1329 (°) |
| 01 / 047 | 洞真太微金虎真符 | CT 1337 |
| 01 / 048 | 洞真太上金篇虎符真文經 | CT 1336 |
| 01 / 049 | 洞真太上神虎玉經 | CT 1333 |
| 01 / 050 | 洞真太上神虎隱文 | CT 1334 |
| 01 / 051 | 玉景九天金霄威神王祝太元上經 | CT 256 |
| 01 / 052 | 上清太上元始耀光金虎鳳文章寶經 | CT 1383 |
| 01 / 053 | 上清高上玉晨鳳臺曲素上經 | CT 1372 |
| 01 / 054 | 上清曲素訣辭籙 | CT 1392 |
| 01 / 055 | 白羽黑翮靈飛玉符 | CT 83 |
| 01 / 056 | 洞真上清龍飛九道尺素隱訣 | CT 1326 |

| | | |
|---|---|---|
| 01 / 057 | 上清瓊宮靈飛六甲左右上符 | CT 84 |
| 01 / 058 | 上清瓊宮靈飛六甲籙 | CT 1391 |
| 01 / 059 | 太上玉珮金璫太極金書上經 | CT 56 (附錄：敦煌抄本) |
| 01 / 060 | 上清太霄隱書元真洞飛二景經 | CT 1199 |
| 01 / 061 | 上清元始變化寶真上經九靈太妙龜山玄籙 | CT 1393 |
| 01 / 062 | 上清元始變化寶真上經 | CT 1436 |
| 01 / 063 | 上清高上龜山玄籙 | CT 1394 |
| 01 / 064 | 上清玉帝七聖玄紀迴天九霄經 | CT 1379 |
| 01 / 065 | 上清太上黃素四十四方經 | CT 1380 |
| 01 / 066 | 高上太霄琅書瓊文帝章經 | CT 55 |
| 01 / 067 | 洞真太上太霄琅書 | CT 1352 |
| 01 / 068 | 太霄琅書瓊文帝章訣 | CT 129 |
| 01 / 069 | 洞真高上玉清隱書經 | CT 1355–1358 |
| 01 / 070 | 洞真太上紫文丹章 | CT 1335 |

Vol. 2

| | | |
|---|---|---|
| 02 / 001 | 洞真太上飛行羽經九真昇玄上記 | CT 1351 |
| 02 / 002 | 太上飛行九晨玉經 | CT 428 |
| 02 / 003 | 太上飛步五星經 | CT 637 |
| 02 / 004 | 太上五星七元空常訣 | CT 876 |
| 02 / 005 | 上清五常變通萬化鬱冥經 | CT 324 |
| 02 / 006 | 上清河圖內玄經 | CT 1367 |
| 02 / 007 | 上清河圖寶籙 | CT 1396 |
| 02 / 008 | 北斗九皇隱諱經 | CT 1456 |
| 02 / 009 | 上清金書玉字上經 | CT 879 |
| 02 / 010 | 上清紫精君皇初紫靈道君洞房上經 | CT 405 |
| 02 / 011 | 上清紫微帝君南極元君玉經寶訣 | CT 406 |
| 02 / 012 | 太微帝君二十四神回元經 | CT 1455 |
| 02 / 013 | 太上洞房內經注 | CT 133 |
| 02 / 014 | 金闕帝君三元真一經 | CT 253 |
| 02 / 015 | 上清金闕帝君五斗三一圖訣 | CT 765 |

| | | |
|---|---|---|
| 02 / 016 | 元始天尊說玄微妙經 | CT 60 |
| 02 / 017 | 上清神寶洞房真諱上經 | CT 989 |
| 02 / 018 | 上清無英真童合遊內變玉經 | CT 988 |
| 02 / 019 | 上清後聖道君列紀 | CT 442 |
| 02 / 020 | 上清七聖玄紀經 | CT 1361 |
| 02 / 021 | 真誥 | CT 1016 |
| 02 / 022 | 登真隱訣 | CT 421 |
| 02 / 023 | 上清三真旨要玉訣 | CT 422, 敦煌抄本 |
| 02 / 024 | 上清握中訣 | CT 140 |
| 02 / 025 | 上清修行祕訣 | 敦煌抄本 |
| 02 / 026 | 洞真西王母寶神起居經 | CT 1319 |
| 02 / 027 | 上清太極真人撰所施行祕要經 | CT 1363 |
| 02 / 028 | 上清眾真教戒德行經 | CT 458 |
| 02 / 029 | 上清太極真人神仙經 | CT 1404 |
| 02 / 030 | 上清明堂元真經訣 | CT 424 |
| 02 / 031 | 上清洞真解過訣 | CT 423 |
| 02 / 032 | 洞真太上八道命籍經 | CT 1328 |
| 02 / 033 | 紫文行事訣 | 敦煌抄本 |
| 02 / 034 | 紫庭內祕訣修行法 | CT 874 |
| 02 / 035 | 上清修身要事經 | CT 1269 |
| 02 / 036 | 上清修行經訣 | CT 427 |
| 02 / 037 | 上清仙府瓊林經 | CT 1403 (°) |
| 02 / 038 | 太清真人絡命訣 | CT 132 |
| 02 / 039 | 洞真金房度命綠字迴年三華寶曜內真上經 | CT 1346 |
| 02 / 040 | 洞真太上三元流珠經 | CT 1318 |
| 02 / 041 | 上清大洞九宮朝修祕訣上道 | CT 569 |
| 02 / 042 | 上清洞真九宮紫房圖 | CT 156 |
| 02 / 043 | 上清迴神飛霄登空招五星上法經 | CT 1368 |
| 02 / 044 | 上清化形隱景登昇保仙上經 | CT 1369 |
| 02 / 045 | 上清丹元玉真帝皇飛仙上經 | CT 404 |
| 02 / 046 | 上清祕道九精回曜合神上真玉經 | CT 993 |
| 02 / 047 | 上清華晨三奔玉訣 | CT 409 |

| | | |
|---|---|---|
| 02 / 048 | 太上飛步南斗太微玉經 | CT 638 |
| 02 / 049 | 上清丹天三氣玉皇六辰飛綱司命大籙 | CT 675 |
| 02 / 050 | 上清經祕訣 | CT 1291 |
| 02 / 051 | 上清金匱玉鏡修真指玄妙經 | CT 353 |
| 02 / 052 | 洞真太微黃書天帝君石景金陽素經 | CT 81 |
| 02 / 053 | 洞真太微黃書九天八籙真文 | CT 257 |
| 02 / 054 | 洞真太上太素玉籙 | CT 1338 |
| 02 / 055 | 上清太微帝君結帶真文法 | CT 1293 |
| 02 / 056 | 洞真太上上清內經 | CT 1347 |
| 02 / 057 | 洞真太上紫書籙傳 | CT 1342 |
| 02 / 058 | 洞真太上說智慧消魔真經 | CT 1344 |
| 02 / 059 | 洞真太上青牙始生經 | CT 1349 |
| 02 / 060 | 洞真太上丹景道精經 | CT 1348 |
| 02 / 061 | 上清諸真章頌 | CT 608 |
| 02 / 062 | 高上玉宸憂樂章 | CT 1457 |
| 02 / 063 | 太上洞真徊玄章 | CT 1458 |
| 02 / 064 | 上清金章十二篇 | CT 1459 |
| 02 / 065 | 上清諸真人授經時頌金真章 | CT 1374 |
| 02 / 066 | 上清無上金元玉清金真飛元步虛玉章 | CT 1375 |
| 02 / 067 | 諸真歌頌 | CT 980 |
| 02 / 068 | 眾仙讚頌靈章 | CT 613 |
| 02 / 069 | 上清迴耀飛光日月精華上經 | CT 1370 |
| 02 / 070 | 上清洞玄明燈上經 | CT 367 |
| 02 / 071 | 上清明鑑要經 | CT 1206 |
| 02 / 072 | 太上明鑑真經 | CT 1207 |
| 02 / 073 | 上清長生寶鑑圖 | CT 429 |
| 02 / 074 | 上清含象鑑劍圖 | CT 431 (°) |
| 02 / 075 | 上清佩符文訣 | CT 412–416 |
| 02 / 076 | 上清豁落七元符 | CT 392 |
| 02 / 077 | 上清高聖太上大道君洞真金元八景玉籙 | CT 1389 (°) |
| 02 / 078 | 洞真八景玉籙晨圖隱符 | CT 1339 |
| 02 / 079 | 上清洞真天寶大洞三景寶籙 | CT 1385 |
| 02 / 080 | 上清大洞三景玉清隱書訣籙 | CT 1386 |

| | | |
|---|---|---|
| 02 / 081 | 元始高上玉檢大籙 | CT 168 (°) |
| 02 / 082 | 太玄八景籙 | CT 258 |
| 02 / 083 | 上清元始譜錄太真玉訣 | CT 1365 |
| 02 / 084 | 上清元始高上玉皇九天譜錄 | CT 1387 |
| 02 / 085 | 道跡靈仙記 | CT 597 |
| 02 / 086 | 元始上真眾仙記 | CT 166 |
| 02 / 087 | 上清三尊譜錄 | CT 164 |
| 02 / 088 | 無上三元鎮宅靈籙 | CT 674 |
| 02 / 089 | 上清金真玉皇上元九天真靈三百六十五部元籙 | CT 1388 (°) |
| 02 / 090 | 上清眾經諸真聖祕 | CT 446 |
| 02 / 091 | 上清高上玉真眾道綜監寶諱 | CT 443 |
| 02 / 092 | 太上求仙定錄尺素真訣玉文 | CT 128 |
| 02 / 093 | 洞玄靈寶真靈位業圖 | CT 167 |
| 02 / 094 | 七域修真證品圖 | CT 433 |
| 02 / 095 | 上清洞真智慧觀身大戒文 | CT 1364 |
| 02 / 096 | 玉清上宮科太真文 | CT 1408 |
| 02 / 097 | 太真玉帝四極明科經 | CT 184 |
| 02 / 098 | 洞真太上倉元上錄 | CT 1340 |
| 02 / 099 | 洞真太上上皇民籍定真玉錄 | CT 1341 |
| 02 / 100 | 上清太上開天龍蹻經 | CT 1354 |

# 洞玄靈寶經

## Lingbao

### Vol. 3

| | | |
|---|---|---|
| 03 / 001 | 元始五老赤書玉篇真文天書經 | CT 22 |
| 03 / 002 | 太上洞玄靈寶赤書玉訣妙經 | CT 352 |
| 03 / 003 | 洞玄靈寶五老攝召北酆鬼魔赤書玉訣 | CT 1297 |
| 03 / 004 | 洞玄靈寶丹水飛術運度小劫妙經 | CT 320 |
| 03 / 005 | 太上洞玄靈寶天地運度自然妙經 | CT 322 (°) |
| 03 / 006 | 太上洞玄靈寶空洞靈章經 | 敦煌抄本 |

| | | |
|---|---|---|
| 03 / 007 | 洞玄靈寶玉京山步虛經 | CT 1439 |
| 03 / 008 | 洞玄靈寶昇玄步虛章序疏 | CT 614 |
| 03 / 009 | 洞玄靈寶自然九天生神章經 | CT 318 |
| 03 / 010 | 靈寶自然九天生神三寶大有金書 | CT 165 |
| 03 / 011 | 洞玄靈寶自然九天生神玉章經解 | CT 397 |
| 03 / 012 | 洞玄靈寶自然九天生神章經解義 | CT 396 |
| 03 / 013 | 洞玄靈寶自然九天生神章經注 | CT 398 |
| 03 / 014 | 太上無極大道自然真一五稱符上經 | CT 671 |
| 03 / 015 | 太上洞玄靈寶諸天內音自然玉字 | CT 97 (°) |
| 03 / 016 | 太上洞玄靈寶八威召龍妙經 | CT 361 |
| 03 / 017 | 太上洞玄靈寶智慧罪根上品大戒經 | CT 457 |
| 03 / 018 | 太上洞玄靈寶智慧上品大戒經 | CT 177 (°) |
| 03 / 019 | 太上洞玄靈寶上品戒經 | CT 454 |
| 03 / 020 | 洞玄靈寶玉籙簡文三元威儀自然真經 | CT 530 |
| 03 / 021 | 太上洞玄靈寶下元黃錄簡文威儀經 | 敦煌抄本 |
| 03 / 022 | 洞玄靈寶長夜之府九幽玉匱明真科 | CT 1411 |
| 03 / 023 | 太上洞玄靈寶智慧定志通微經 | CT 325 |
| 03 / 024 | 太上洞玄靈寶真文度人本行妙經 | 敦煌抄本 |
| 03 / 025 | 太上洞玄靈寶真一勸誡法輪妙經 | CT 346, 348, 455, 347 |
| 03 / 026 | 太上洞玄靈寶元始無量度人上品妙經 | 敦煌抄本 |
| 03 / 027 | 雲篆度人妙經 | CT 80 |
| 03 / 028 | 洞玄靈寶度人經大梵隱語疏義 | CT 94 |
| 03 / 029 | 洞玄靈寶無量度人經訣音義 | CT 95 |
| 03 / 030 | 元始無量度人上品妙經四注 | CT 87 |
| 03 / 031 | 靈寶度人上品妙經旁通圖 | CT 148 (°) |
| 03 / 032 | 太上洞玄靈寶無量度人上品經法 | CT 93 |
| 03 / 033 | 靈寶無量度人上品妙經符圖 | CT 147 |
| 03 / 034 | 元始無量度人上品妙經注 | CT 88 |
| 03 / 035 | 元始無量度人上品妙經內義 | CT 90 |
| 03 / 036 | 太上洞玄靈寶無量度人上品妙經注 | CT 91 |
| 03 / 037 | 元始無量度人上品妙經注解 | CT 92 |
| 03 / 038 | 元始無量度人上品妙經通義 | CT 89 |

| | | |
|---|---|---|
| 03 / 039 | 太上洞玄靈寶諸天靈書度命妙經 | CT 23 (°) |
| 03 / 040 | 諸天靈書度命妙經義疏 | CT 98 |
| 03 / 041 | 太上洞玄靈寶滅度五鍊生尸妙經 | CT 369 |
| 03 / 042 | 靈寶鍊度五仙安靈鎮神黃繒章法 | CT 1292 |
| 03 / 043 | 太上洞玄靈寶三元品戒功德輕重經 | CT 456 |
| 03 / 044 | 太上大道三元品戒謝罪上法 | CT 417 (°) |
| 03 / 045 | 太上太玄女青三元品戒拔罪妙經 | CT 36 (°) |

## Vol. 4

| | | |
|---|---|---|
| 04 / 001 | 太上洞玄靈寶宿命因緣明經 | CT 338 |
| 04 / 002 | 太上洞玄靈寶導引三光妙經 | CT 39–40 |
| 04 / 003 | 洞玄靈寶二十四生圖經 | CT 1407 |
| 04 / 004 | 太上洞玄靈寶飛行三界通微內思妙經 | CT 1118 |
| 04 / 005 | 太上洞玄靈寶芝草品 | CT 1406 (°) |
| 04 / 006 | 元始天尊說變化空洞妙經 | CT 37 |
| 04 / 007 | 太上洞玄靈寶五符序 | CT 388 (°) |
| 04 / 008 | 上清太極隱注玉經寶訣 | CT 425 |
| 04 / 009 | 太上洞玄靈寶真文要解上經 | CT 330 |
| 04 / 010 | 太上靈寶威儀洞玄真一自然經訣 | 敦煌抄本 |
| 04 / 011 | 太極真人敷靈寶齋戒威儀諸經要訣 | CT 532 |
| 04 / 012 | 太上洞玄靈寶智慧本願大戒上品經 | CT 344 |
| 04 / 013 | 太極左仙公請問經 | CT 1114 (°), 敦煌抄本 |
| 04 / 014 | 仙人請問本行因緣眾聖難經 | 敦煌抄本 |
| 04 / 015 | 太上洞玄靈寶本行因緣經 | CT 1115 |
| 04 / 016 | 太極真人問功德行業經 | 敦煌抄本 |
| 04 / 017 | 太上洞玄靈寶眾篇序經 | 敦煌抄本 |
| 04 / 018 | 洞玄靈寶諸天世界造化經 | CT 321 |
| 04 / 019 | 太上洞玄靈寶天關經 | CT 987 |
| 04 / 020 | 太上洞玄靈寶誡業本行上品妙經 | CT 345 |
| 04 / 021 | 太上洞玄靈寶三元無量壽經 | CT 323 |
| 04 / 022 | 太上洞玄靈寶三元玉京玄都大獻經 | CT 370 |

| | | |
|---|---|---|
| 04 / 023 | 洞玄靈寶九真人五復三歸行道觀門經 | CT 990 |
| 04 / 024 | 太上洞玄靈寶淨供妙經 | CT 376 |
| 04 / 025 | 洞玄靈寶太上六齋十直聖紀經 | CT 1200 |
| 04 / 026 | 太上洞玄靈寶福日妙經 | CT 355 |
| 04 / 027 | 太極真人說二十四門戒經 | CT 183 |
| 04 / 028 | 太上十二上品飛天法輪勸戒妙經 | CT 182 |
| 04 / 029 | 太上洞玄靈寶淨土生神經 | 敦煌抄本 |
| 04 / 030 | 洞玄靈寶太上真人問疾經 | CT 1116 |
| 04 / 031 | 太上洞玄靈寶十號功德因緣妙經 | CT 337 |
| 04 / 032 | 太上洞玄靈寶三十二天天尊應號經 | CT 1121 |
| 04 / 033 | 太上靈寶洪福滅罪像名經 | CT 377 |
| 04 / 034 | 太上洞玄靈寶天尊名 | 敦煌抄本 |
| 04 / 035 | 太上洞真賢門經 | CT 61 |
| 04 / 036 | 太上洞玄靈寶出家因緣經 | CT 339 |
| 04 / 037 | 太上洞玄靈寶轉神度命經 | CT 340 |
| 04 / 038 | 太上洞玄靈寶十師度人妙經 | CT 341 |
| 04 / 039 | 太上洞玄靈寶國王行道經 | CT 1113 |
| 04 / 040 | 太上洞玄靈寶太玄普慈勸世經 | CT 342 |
| 04 / 041 | 靈寶天尊說祿庫受生經 | CT 333 |
| 04 / 042 | 太上洞玄靈寶護諸童子經 | CT 328 |
| 04 / 043 | 太上洞玄靈寶四方大願經 | CT 343 |
| 04 / 044 | 太清五十八願文 | CT 187 |
| 04 / 045 | 太上洞玄靈寶三塗五苦拔度生死妙經 | CT 371 |
| 04 / 046 | 太上洞玄靈寶往生救苦妙經 | CT 373 |
| 04 / 047 | 天尊說隨願往生罪福報對次說預修文妙經 | 敦煌抄本 |
| 04 / 048 | 太上洞玄靈寶天尊說濟苦經 | CT 375 |
| 04 / 049 | 靈真戒拔除生濟苦經 | 敦煌抄本 |
| 04 / 050 | 太上洞玄靈寶救苦妙經 | CT 374 |
| 04 / 051 | 太上洞玄靈寶天尊說救苦妙經注解 | CT 399 |
| 04 / 052 | 太一救苦護身妙經 | CT 351 |
| 04 / 053 | 太上救苦天尊說消愆滅罪經 | CT 378 |
| 04 / 054 | 太上三生解冤妙經 | CT 387 |
| 04 / 055 | 太上洞玄靈寶五顯靈觀華光本行妙經 | CT 1448 (°) |

| | | |
|---|---|---|
| 04 / 056 | 太上靈寶天尊說禳災度厄經 | CT 357 |
| 04 / 057 | 太上靈寶天尊說延壽妙經 | CT 382 |
| 04 / 058 | 太上洞玄靈寶消禳火災經 | CT 359 |
| 04 / 059 | 太上洞玄靈寶天尊說養蠶營種經 | CT 360 |
| 04 / 060 | 太上說利益蠶王妙經 | CT 365 |
| 04 / 061 | 太上靈寶補謝竈王經 | CT 364 |
| 04 / 062 | 太上洞真安竈經 | CT 69 |
| 04 / 063 | 太上說牛癀妙經 | CT 366 |
| 04 / 064 | 太上元始天尊說消殄蟲蝗經 | CT 67 |
| 04 / 065 | 太上安鎮九壘龍神妙經 | CT 68 |
| 04 / 066 | 洞玄靈寶五嶽古本真形圖 | CT 441 |
| 04 / 067 | 五嶽真形圖序論 | CT 1281 (°) |
| 04 / 068 | 玄覽人鳥山經圖 | CT 434 |
| 04 / 069 | 太上洞玄靈寶五嶽神符 | CT 390 |
| 04 / 070 | 上清金母求仙上法 | CT 391 |
| 04 / 071 | 太上洞玄靈寶眾簡文 | CT 410 |
| 04 / 072 | 太上洞玄靈寶投簡符文要訣 | CT 395 |
| 04 / 073 | 太上洞玄靈寶五帝醮祭招真玉訣 | CT 411 |
| 04 / 074 | 洞玄靈寶真人修行延年益算法 | CT 1271 |
| 04 / 075 | 洞玄靈寶道士明鏡法 | CT 1245 |
| 04 / 076 | 靈寶施食法 | CT 1454 |
| 04 / 077 | 洞玄靈寶齋說光燭戒罰燈祝願儀 | CT 524 |
| 04 / 078 | 太上洞玄靈寶法燭經 | CT 349 |
| 04 / 079 | 太上洞玄靈寶授度儀 | CT 528 |
| 04 / 080 | 太上洞玄靈寶二部傳授儀 | CT 1295 |
| 04 / 081 | 太上洞玄靈寶大綱鈔 | CT 393 |
| 04 / 082 | 靈寶九幽長夜起尸度亡玄章 | CT 610 |
| 04 / 083 | 洞玄靈寶六甲玉女上宮歌章 | CT 611 |
| 04 / 084 | 太上洞玄靈寶智慧禮讚 | CT 609 |

## 洞神三皇經

## Three Sovereigns

### Vol. 4 (cont.)

| | | |
|---|---|---|
| 04 / 085 | 三皇內文遺祕 | CT 856 |
| 04 / 086 | 太清金闕玉華仙書八極神章三皇內祕文 | CT 855 |
| 04 / 087 | 洞神八帝妙精經 | CT 640 |
| 04 / 088 | 洞神八帝元變經 | CT 1202 |
| 04 / 089 | 太上洞神行道授度儀 | CT 1283 |
| 04 / 090 | 太上洞神三皇儀 | CT 803 |
| 04 / 091 | 太上洞神三皇傳授儀 | CT 1284 |
| 04 / 092 | 陶公傳授儀 | 敦煌抄本 (擬) |
| 04 / 093 | 太上三皇寶齋神仙上錄經 | CT 854 |
| 04 / 094 | 洞神三皇七十二君齋方懺儀 | CT 804 |
| 04 / 095 | 太上洞神太元河圖三元仰謝儀 | CT 805 |
| 04 / 096 | 太上大道玉清經 | CT 1312 |
| 04 / 097 | 元始應變歷化經 | 敦煌抄本 |
| 04 / 098 | 太上靈寶元陽妙經 | CT 334 |
| 04 / 099 | 太上元陽經 | 敦煌抄本 |
| 04 / 100 | 洞玄靈寶上師說救護身命經 | CT 356 |

## 三洞經教

## Three Caverns

### Vol. 5

| | | |
|---|---|---|
| 05 / 001 | 太上妙法本相經 | CT 1131 |
| 05 / 002 | 太上妙法本相經 | 敦煌抄本 |
| 05 / 003 | 洞玄靈寶本相運度劫期經 | CT 319 |
| 05 / 004 | 太上中道妙法蓮華經 | CT 1432 |

| | | |
|---|---|---|
| 05 / 005 | 太上濟眾經 | 敦煌抄本 |
| 05 / 006 | 太上洞玄濟眾經 | CT 1460 |
| 05 / 007 | 太上洞玄靈寶昇玄內教經 | 敦煌抄本 |
| 05 / 008 | 太上洞玄靈寶宣戒首悔眾罪保護經 | CT 460 |
| 05 / 009 | 太上靈寶昇玄內教經中和品述義疏 | CT 1122 (°) |
| 05 / 010 | 太上洞玄靈寶中和經 | CT 1120 |
| 05 / 011 | 太上昇玄三一融神變化妙經 | CT 38 |
| 05 / 012 | 洞玄靈寶玄一真人說生死輪轉因緣經 | CT 1119 |
| 05 / 013 | 太上洞玄靈寶業報因緣經 | CT 336 |
| 05 / 014 | 太玄真一本際妙經 | CT 1111 |
| 05 / 015 | 太玄真一本際經 | 敦煌抄本 |
| 05 / 016 | 太玄真一三善行法發願經 | 敦煌抄本 |
| 05 / 017 | 元始洞真決疑經 | CT 59 |
| 05 / 018 | 太上洞玄靈寶開演祕密藏經 | CT 329 |
| 05 / 019 | 太上一乘海空智藏經 | CT 9 |
| 05 / 020 | 太上三十六部尊經 | CT 8 |
| 05 / 021 | 太上虛皇天尊四十九章經 | CT 18 |
| 05 / 022 | 無上內祕真藏經 | CT 4 |
| 05 / 023 | 真藏經要訣 | CT 96 |
| 05 / 024 | 大乘妙林經 | CT 1398 |
| 05 / 025 | 無上大乘要訣妙經 | CT 58 |
| 05 / 026 | 洞玄靈寶左玄論 | CT 1136 |
| 05 / 027 | 靈寶經義疏 | 敦煌抄本 (擬) |
| 05 / 028 | 道德義淵 | 敦煌抄本 (擬) |
| 05 / 029 | 洞玄靈寶玄門大義 | CT 1124 |
| 05 / 030 | 三洞神符記 | CT 79 |
| 05 / 031 | 道教義樞 | CT 1129 |
| 05 / 032 | 道門經法相承次序 | CT 1128 |
| 05 / 033 | 一切道經序 | 敦煌抄本 |
| 05 / 034 | 一切道經音義妙門由起 | CT 1123 |

## Vol. 6

| | | |
|---|---|---|
| 06 / 001 | 太上老君說常清靜妙經 | CT 620 |
| 06 / 002 | 太上老君說常清靜經注 | CT 759 |
| 06 / 003 | 太上老君說常清靜經注 | CT 756 |
| 06 / 004 | 太上老君說常清靜經注 | CT 758 |
| 06 / 005 | 太上老君說常清靜經頌注 | CT 974 |
| 06 / 006 | 太上老君說常清靜經注 | CT 755 |
| 06 / 007 | 太上老君說常清靜經注 | CT 757 |
| 06 / 008 | 太上老君說常清靜妙經纂圖解注 | CT 760 |
| 06 / 009 | 太上老君清靜心經 | CT 1169 |
| 06 / 010 | 太上老君內觀經 | CT 641 |
| 06 / 011 | 太上老君說了心經 | CT 642 |
| 06 / 012 | 太上玄都妙本清靜身心經 | CT 35 |
| 06 / 013 | 太上靈寶洗浴身心經 | 敦煌抄本 |
| 06 / 014 | 太上靈寶智慧觀身經 | CT 350 |
| 06 / 015 | 太上洞玄靈寶觀妙經 | CT 326 |
| 06 / 016 | 洞玄靈寶定觀經注 | CT 400 |
| 06 / 017 | 太上洞玄靈寶天尊說大通經 | CT 327 |
| 06 / 018 | 太上大通經注 | CT 105 |
| 06 / 019 | 太上昇玄消災護命妙經 | CT 19 |
| 06 / 020 | 太上昇玄消災護命妙經頌 | CT 312 |
| 06 / 021 | 太上昇玄消災護命妙經注 | CT 101 |
| 06 / 022 | 太上昇玄說消災護命妙經注 | CT 100 |
| 06 / 023 | 元始天尊說生天得道經 | CT 24 |
| 06 / 024 | 生天經頌解 | CT 313 |
| 06 / 025 | 元始天尊說得道了身經 | CT 25 |
| 06 / 026 | 元始天尊說太古經注 | CT 102 |
| 06 / 027 | 太上赤文洞古經注 | CT 106 |
| 06 / 028 | 無上赤文洞古真經注 | CT 107 |
| 06 / 029 | 老子說罪福大報應經卷 | 敦煌抄本 |
| 06 / 030 | 老子玄通經 | 敦煌抄本 |
| 06 / 031 | 老子十方像名經 | 敦煌抄本 |

| | | |
|---|---|---|
| 06 / 032 | 老子像名經 | CT 661 |
| 06 / 033 | 太上說轉輪五道宿命因緣經 | CT 647 |
| 06 / 034 | 太上清靜元洞真文玉字妙經 | CT 986 |
| 06 / 035 | 太上老君說報父母恩重經 | CT 662 |
| 06 / 036 | 太上真一報父母恩重經 | CT 65 |
| 06 / 037 | 太上老君說益算神符妙經 | CT 672 |
| 06 / 038 | 太上老君說長生益算妙經 | CT 650 |
| 06 / 039 | 太上老君說上七滅罪集福妙經 | CT 1170 |
| 06 / 040 | 太上老君說消災經 | CT 631 |
| 06 / 041 | 太上老君說解釋咒詛經 | CT 652 |
| 06 / 042 | 太上老君說安宅八陽經 | CT 634 |
| 06 / 043 | 太上老君說補謝八陽經 | CT 635 |
| 06 / 044 | 太上老君玄妙枕中內德神咒經 | CT 872 |
| 06 / 045 | 太上老君說救生真經 | CT 630 |
| 06 / 046 | 太上說十煉生神救護經 | CT 636 (°) |
| 06 / 047 | 太上太清天童護命妙經 | CT 632 |
| 06 / 048 | 太上太清天童護命妙經注 | CT 762 |
| 06 / 049 | 太上泰清皇老帝君運雷天童隱梵仙經 | CT 633 |
| 06 / 050 | 太上九真妙戒金籙度命拔罪妙經 | CT 181 |
| 06 / 051 | 太上說九幽拔罪心印妙經 | CT 74 |
| 06 / 052 | 元始天王歡樂經 | CT 62 |
| 06 / 053 | 太上洞真五星祕授經 | CT 44 |
| 06 / 054 | 元始天尊說十一曜大消災神咒經 | CT 43 |
| 06 / 055 | 太上說六甲直符保胎護命妙經 | CT 50 |
| 06 / 056 | 太上元始天尊說金光明經 | CT 70 |
| 06 / 057 | 元始天尊說甘露昇天神咒妙經 | CT 75 |
| 06 / 058 | 元始說功德法食往生經 | CT 76 |
| 06 / 059 | 太上元始天尊證果真經 | CT 47 |
| 06 / 060 | 太上元始天尊說續命妙經 | CT 48 |
| 06 / 061 | 元始天尊濟度血湖真經 | CT 72 |
| 06 / 062 | 元始天尊說酆都滅罪經 | CT 73 |
| 06 / 063 | 太上說酆都拔苦愈樂妙經 | CT 379 |
| 06 / 064 | 太上九天延祥滌厄四聖妙經 | CT 26 |

| | | |
|---|---|---|
| 06 / 065 | 太上護國祈雨消魔經 | CT 52 |
| 06 / 066 | 太上元始天尊說大雨龍王經 | CT 51 |
| 06 / 067 | 太上長生延壽集福德經 | CT 21 |
| 06 / 068 | 三光注齡資福延壽妙經 | CT 20 |
| 06 / 069 | 太上神咒延壽妙經 | CT 358 |
| 06 / 070 | 太上道君說解冤拔度妙經 | CT 372 |
| 06 / 071 | 太上說通真高皇解冤經 | CT 1449 |
| 06 / 072 | 太上洞神天公消魔護國經 | CT 654 |
| 06 / 073 | 太上洞神五星諸宿日月混常經 | CT 657 |
| 06 / 074 | 太上洞神三元妙本福壽真經 | CT 651 |
| 06 / 075 | 太上虛皇保生神咒經 | CT 384 |
| 06 / 076 | 太上七星神咒經 | CT 383 |
| 06 / 077 | 太上金華天尊救劫護命妙經 | CT 1196 |
| 06 / 078 | 太上玉華洞章拔亡度世昇仙妙經 | CT 77 |
| 06 / 079 | 元始天尊說三官寶號經 | CT 71 |
| 06 / 080 | 太上三元賜福赦罪解厄消災延生保命妙經 | CT 1442 |
| 06 / 081 | 元始天尊說東嶽化身濟生度死拔罪解冤保命玄範誥咒妙經 | CT 1441 |
| 06 / 082 | 碧霞元君護國庇民普濟保生妙經 | CT 1445 |
| 06 / 083 | 太上老君說天妃救苦靈驗經 | CT 649 |
| 06 / 084 | 太上老君說城隍感應消災集福妙經 | CT 1447 (°) |
| 06 / 085 | 太上大聖朗靈上將護國妙經 | CT 1446 |
| 06 / 086 | 元始天尊說藥王救八十一難經 | CT 1444 (°) |
| 06 / 087 | 大惠靜慈妙樂天尊說福德五聖經 | CT 1192 |
| 06 / 088 | 高上玉皇本行集經 | CT 10 |
| 06 / 089 | 高上玉皇本行集經 | CT 11 |
| 06 / 090 | 高上玉皇本行經髓 | CT 12 |
| 06 / 091 | 高上玉皇心印經 | CT 13 |
| 06 / 092 | 高上玉皇本行經集注 | CT 1440 (°) |
| 06 / 093 | 太上無極總真文昌大洞仙經 | CT 5 |
| 06 / 094 | 玉清無極總真文昌大洞仙經注 | CT 103 (°) |
| 06 / 095 | 大洞經吉祥神咒法 | CT 1461 |
| 06 / 096 | 元始天尊說梓潼帝君應驗經 | CT 28 |

| | | |
|---|---|---|
| 06 / 097 | 元始天尊說梓潼帝君本願經 | CT 29 |
| 06 / 098 | 梓潼帝君化書 | CT 170 |
| 06 / 099 | 清河內傳 | CT 169 |
| 06 / 100 | 高上大洞文昌司祿紫陽寶籙 | CT 1214 |
| 06 / 101 | 太上老君說五斗金章受生經 | CT 653 |
| 06 / 102 | 太上玄靈北斗本命延生真經 | CT 622 |
| 06 / 103 | 太上玄靈北斗本命長生妙經 | CT 623 |
| 06 / 104 | 太上說南斗六司延壽度人妙經 | CT 624 |
| 06 / 105 | 太上說東斗主筭護命妙經 | CT 625 |
| 06 / 106 | 太上說西斗記名護身妙經 | CT 626 |
| 06 / 107 | 太上說中斗大魁保命妙經 | CT 627 |
| 06 / 108 | 太上說中斗大魁掌筭伏魔神咒經 | CT 628 |
| 06 / 109 | 太上玄靈北斗本命延生經注 | CT 752 |
| 06 / 110 | 太上玄靈北斗本命延生真經注 | CT 750 |
| 06 / 111 | 太上玄靈北斗本命延生真經注解 | CT 751 |
| 06 / 112 | 太上北斗二十八章經 | CT 629 |
| 06 / 113 | 北斗七元金玄羽章 | CT 753 |
| 06 / 114 | 北斗七元金玄羽章 | CT 975 |
| 06 / 115 | 太上玄靈斗姆大聖元君本命延生心經 | CT 621 |
| 06 / 116 | 先天斗母奏告玄科 | CT 1452 |
| 06 / 117 | 玉清無上靈寶自然北斗本生真經 | CT 45 |
| 06 / 118 | 玉清元始玄黃九光真經 | CT 42 |
| 06 / 119 | 玉清胎元內養真經 | CT 63 |
| 06 / 120 | 玉清無上內景真經 | CT 64 |
| 06 / 121 | 太上內丹守一真定經 | CT 644 |
| 06 / 122 | 元始八威龍文經 | CT 30 |
| 06 / 123 | 靈寶五經提綱 | CT 529 |

# 四 輔 真 經
## Four Supplements

### 太平部諸經
### Taiping

#### Vol. 7

| | | |
|---|---|---|
| 07 / 001 | 太平經目錄 | 敦煌抄本 |
| 07 / 002 | 太平經複文序 | CT 1101 (*) |
| 07 / 003 | 太平經 | CT 1101 |
| 07 / 004 | 太平經鈔 | CT 1101 (*) |
| 07 / 005 | 太平經聖君祕旨 | CT 1102 |
| 07 / 006 | 太平經 | 合校本 |

### 太玄部經訣
### Taixuan

#### Vol. 8

| | | |
|---|---|---|
| 08 / 001 | 無上金玄上妙道德玄經 | 敦煌抄本 |
| 08 / 002 | 無上妙道文始真經 | CT 667 |
| 08 / 003 | 文始真經注 | CT 727 |
| 08 / 004 | 文始真經言外旨 | CT 728 |
| 08 / 005 | 太上老君開天經 | CT 1437 |
| 08 / 006 | 太上老君虛無自然本起經 | CT 1438 |
| 08 / 007 | 太上老君太素經 | CT 1424 |
| 08 / 008 | 太上妙始經 | CT 658 |
| 08 / 009 | 太上洞玄寶元上經 | CT 368 |
| 08 / 010 | 老子變化經 | 敦煌抄本 |

| | | |
|---|---|---|
| 08 / 011 | 老君變化無極經 | CT 1195 |
| 08 / 012 | 老子化胡經 | 敦煌抄本 |
| 08 / 013 | 太上靈寶老子化胡妙經 | 敦煌抄本 |
| 08 / 014 | 太上老君中經 | CT 1168 |
| 08 / 015 | 老子西昇經〔御注〕 | CT 666 (°) |
| 08 / 016 | 西昇經集注 | CT 726 |
| 08 / 017 | 太上老君大存思圖注訣 | CT 875 |
| 08 / 018 | 傳授經戒儀注訣 | CT 1238 |
| 08 / 019 | 太上三洞傳授道德經紫虛籙拜表儀 | CT 808 |

# 正一部經籙

# Zhengyi

### Vol. 8 (cont.)

| | | |
|---|---|---|
| 08 / 020 | 太上正一法文經 | CT 1204 |
| 08 / 021 | 正一法文天師教戒科經 | CT 789 |
| 08 / 022 | 正一法文經章官品 | CT 1218 |
| 08 / 023 | 正一法文經護國醮海品 | CT 1287 |
| 08 / 024 | 正一法文修真旨要 | CT 1270 |
| 08 / 025 | 正一法文十籙召儀 | CT 1210 |
| 08 / 026 | 正一法文傳都功版儀 | CT 1211 |
| 08 / 027 | 正一法文法籙部儀 | CT 1242 |
| 08 / 028 | 正一法文太上外籙儀 | CT 1243 |
| 08 / 029 | 太上三五正一盟威籙 | CT 1208 |
| 08 / 030 | 太上正一盟威法籙 | CT 1209 |
| 08 / 031 | 四斗二十八宿天帝大籙 | CT 1397 |
| 08 / 032 | 太上正一延生保命籙 | CT 1216 |
| 08 / 033 | 太上正一解五音咒詛祕籙 | CT 1217 |
| 08 / 034 | 太上正一度仙靈籙儀 | 敦煌抄本 (擬) |
| 08 / 035 | 上清洞天三五金剛玄籙儀 | CT 1390 (°) |
| 08 / 036 | 洞玄靈寶課中法 | CT 1246 |

| | | |
|---|---|---|
| 08 / 037 | 太上三五正一盟威閱籙醮儀 | CT 796 |
| 08 / 038 | 太上正一閱籙儀 | CT 797 |
| 08 / 039 | 太上正一閱炁籙儀 | 敦煌抄本 (擬) |
| 08 / 040 | 太上正一閱紫籙儀 | 敦煌抄本 (擬) |
| 08 / 041 | 太上金書玉牒寶章儀 | CT 806 (°) |
| 08 / 042 | 正一出官章儀 | CT 795 |
| 08 / 043 | 正一指教齋儀 | CT 798 |
| 08 / 044 | 正一指教齋清旦行道儀 | CT 799 |
| 08 / 045 | 正一敕壇儀 | CT 800 |
| 08 / 046 | 正一解厄醮儀 | CT 794 |
| 08 / 047 | 正一醮宅儀 | CT 801 |
| 08 / 048 | 正一醮墓儀 | CT 802 |
| 08 / 049 | 洞真黃書 | CT 1343 |
| 08 / 050 | 上清黃書過度儀 | CT 1294 |
| 08 / 051 | 洞真三天祕諱 | CT 1350 |
| 08 / 052 | 無上三天法師說蔭有眾生妙經 | CT 1197 (°) |
| 08 / 053 | 正一天師告趙昇口訣 | CT 1273 |
| 08 / 054 | 太上正一咒鬼經 | CT 1193 |
| 08 / 055 | 三天內解經 | CT 1205 |
| 08 / 056 | 尊下長樂經 | 敦煌抄本 (擬) |
| 08 / 057 | 正一論 | CT 1228 |
| 08 / 058 | 陸先生道門科略 | CT 1127 |
| 08 / 059 | 洞玄靈寶五感文 | CT 1278 |
| 08 / 060 | 老君音誦誡經 | CT 785 |
| 08 / 061 | 太上老君戒經 | CT 784 |
| 08 / 062 | 太上老君經律 | CT 786 |
| 08 / 063 | 太上經戒 | CT 787 |
| 08 / 064 | 老子說百八十戒序 | 敦煌抄本 |
| 08 / 065 | 老子說法食禁誡經 | 敦煌抄本 |
| 08 / 066 | 女青鬼律 | CT 790 |
| 08 / 067 | 玄都律文 | CT 188 |
| 08 / 068` | 赤松子章曆 | CT 615 |
| 08 / 069 | 太上宣慈助化章 | CT 617 |

| | | |
|---|---|---|
| 08 / 070 | 太上濟度章赦 | CT 316 |
| 08 / 071 | 萃善錄 | CT 983 |

# 道德真經

## *Daode jing*

### Vol. 9

| | | |
|---|---|---|
| 09 / 001 | 老子道德經 | 郭店楚簡本 |
| 09 / 002 | 老子道德經 | 馬王堆帛書本 |
| 09 / 003 | 老子道德經 | 敦煌抄本 |
| 09 / 004 | 道德真經 | CT 664 |
| 09 / 005 | 道德經古本篇 | CT 665 |
| 09 / 006 | 道德真經指歸 | CT 693 |
| 09 / 007 | 道德真經注 | CT 682 |
| 09 / 008 | 老子道德經想爾注 | 敦煌抄本 |
| 09 / 009 | 老子道德經序訣 | 敦煌抄本 |
| 09 / 010 | 老子微旨例略 | CT 1255 |
| 09 / 011 | 道德真經注 | CT 690 |
| 09 / 012 | 老子道德經注 | 敦煌抄本 |
| 09 / 013 | 玄言新記明老部 | 敦煌抄本 |
| 09 / 014 | 老子道德經開題序訣義疏 | 敦煌抄本 |
| 09 / 015 | 道德真經注 | CT 722 |
| 09 / 016 | 道德真經疏義 | CT 719 |
| 09 / 017 | 唐玄宗御注道德真經 | CT 677 |
| 09 / 018 | 唐玄宗御製道德真經疏 | CT 678 |
| 09 / 019 | 道德真經次解 | CT 697 |
| 09 / 020 | 道德真經新注 | CT 692 |
| 09 / 021 | 道德真經傳 | CT 685 |
| 09 / 022 | 道德經論兵要義述 | CT 713 |
| 09 / 023 | 道德真經廣聖義 | CT 725 |
| 09 / 024 | 道德真經廣聖義節略 | CT 679 (°) |

## Vol. 10

| | | |
|---|---|---|
| 10 / 001 | 道德真經玄德纂疏 | CT 711 |
| 10 / 002 | 道德真經注疏 | CT 710 (附錄：敦煌抄本) |
| 10 / 003 | 道德經篇章玄頌 | CT 977 (°) |
| 10 / 004 | 道德真經頌 | CT 978 |
| 10 / 005 | 道德真經傳 | CT 686 |
| 10 / 006 | 道德真經論 | CT 689 |
| 10 / 007 | 道德真經注 | CT 691 |
| 10 / 008 | 道德真經藏室纂微篇 | CT 714 |
| 10 / 009 | 道德真經藏室纂微開題科文疏 | CT 715 |
| 10 / 010 | 道德真經藏室纂微手鈔 | CT 716 |
| 10 / 011 | 道德真經集注 | CT 706 |
| 10 / 012 | 道德真經解 | CT 683 |
| 10 / 013 | 宋徽宗御解道德真經 | CT 680 |
| 10 / 014 | 宋徽宗道德真經解義 | CT 681 |

## Vol. 11

| | | |
|---|---|---|
| 11 / 001 | 道德真經疏義 | CT 694 |
| 11 / 002 | 元始說先天道德經注解 | CT 3 |
| 11 / 003 | 道德真經義解 | CT 721 |
| 11 / 004 | 道德真經直解 | CT 688 |
| 11 / 005 | 道德真經口義 | CT 701 |
| 11 / 006 | 道德真經集解 | CT 705 |
| 11 / 007 | 道德真經集注 | CT 707 |
| 11 / 008 | 道德真經集注釋文 | CT 708 |
| 11 / 009 | 道德真經集注雜說 | CT 709 |
| 11 / 010 | 道德經古本集注 | 續古逸叢書本 |
| 11 / 011 | 道德真經取善集 | CT 718 |
| 11 / 012 | 道德玄經原旨 | CT 702 |
| 11 / 013 | 玄經原旨發揮 | CT 703 |

| | | |
|---|---|---|
| 11 / 014 | 道德真經全解 | CT 696 |

## Vol. 12

| | | |
|---|---|---|
| 12 / 001 | 道德真經解 | CT 700 |
| 12 / 002 | 道德真經四子古道集解 | CT 684 |
| 12 / 003 | 道德真經衍義手鈔 | CT 717 |
| 12 / 004 | 道德真經集解 | CT 695 |
| 12 / 005 | 道德真經集義大旨 | CT 723 |
| 12 / 006 | 道德真經集義 | CT 724 |
| 12 / 007 | 道德真經章句訓頌 | CT 698 |
| 12 / 008 | 道德會元 | CT 699 |
| 12 / 009 | 道德真經注 | CT 720 |
| 12 / 010 | 道德真經注 | CT 704 |
| 12 / 011 | 道德真經三解 | CT 687 |
| 12 / 012 | 大明太祖高皇帝御注道德真經 | CT 676 |
| 12 / 013 | 道德真經集義 | CT 712 |
| 12 / 014 | 老子翼 | CT 1486 |

# 四子真經

*Zhuangzi, Liezi, Wenzi, Gengsang zi*

## Vol. 13

| | | |
|---|---|---|
| 13 / 001 | 南華真經 | CT 670 |
| 13 / 002 | 南華真經注疏 | CT 745 |
| 13 / 003 | 南華真經章句音義 | CT 736 |
| 13 / 004 | 南華真經章句餘事 | CT 737 |
| 13 / 005 | 南華真經餘事雜錄 | CT 738 |
| 13 / 006 | 南華真經新傳 | CT 743 |
| 13 / 007 | 南華真經拾遺 | CT 744 |
| 13 / 008 | 南華真經直音 | CT 739 |

| | | |
|---|---|---|
| 13 / 009 | 南華邈 | CT 740 |
| 13 / 010 | 南華真經口義 | CT 735 |

## Vol. 14

| | | |
|---|---|---|
| 14 / 001 | 南華真經義海纂微 | CT 734 |
| 14 / 002 | 莊子內篇訂正 | CT 741 |
| 14 / 003 | 南華真經循本 | CT 742 |
| 14 / 004 | 莊子翼 | CT 1487 |

## Vol. 15

| | | |
|---|---|---|
| 15 / 001 | 沖虛至德真經 | CT 668 |
| 15 / 002 | 沖虛至德真經釋文 | CT 733 (°) |
| 15 / 003 | 沖虛至德真經義解 | CT 731 |
| 15 / 004 | 沖虛至德真經解 | CT 730 |
| 15 / 005 | 沖虛至德真經鬳齋口義 | CT 729 |
| 15 / 006 | 沖虛至德真經四解 | CT 732 |
| 15 / 007 | 通玄真經 | 河北定縣漢墓竹簡本 |
| 15 / 008 | 通玄真經〔注〕 | CT 746 (°) |
| 15 / 009 | 通玄真經〔注〕 | CT 749 (°) |
| 15 / 010 | 通玄真經纘義 | CT 748 |
| 15 / 011 | 洞靈真經 | CT 669 |
| 15 / 012 | 洞靈真經〔注〕 | CT 747 (°) |

# 黃帝陰符經

*Yinfu jing*

## Vol. 15 (cont.)

| | | |
|---|---|---|
| 15 / 013 | 黃帝陰符經 | CT 31 |

| | | |
|---|---|---|
| 15 / 014 | 黃帝陰符經集注 | CT 108 |
| 15 / 015 | 黃帝陰符經注 | CT 112 |
| 15 / 016 | 黃帝陰符經注 | CT 115 |
| 15 / 017 | 黃帝陰符經注 | CT 116 |
| 15 / 018 | 黃帝陰符經注 | CT 117 |
| 15 / 019 | 黃帝陰符經解義 | CT 118 |
| 15 / 020 | 黃帝陰符經解 | CT 113 |
| 15 / 021 | 黃帝陰符經注解 | CT 114 |
| 15 / 022 | 黃帝陰符經集解 | CT 127 |
| 15 / 023 | 黃帝陰符經疏 | CT 110 |
| 15 / 024 | 黃帝陰符經講義 | CT 109 |
| 15 / 025 | 黃帝陰符經注解 | CT 124 |
| 15 / 026 | 黃帝陰符經集解 | CT 111 |
| 15 / 027 | 陰符經三皇玉訣 | CT 119 |
| 15 / 028 | 黃帝陰符經心法 | CT 120 |
| 15 / 029 | 黃帝陰符經注 | CT 122 |
| 15 / 030 | 黃帝陰符經注 | CT 121 |
| 15 / 031 | 黃帝陰符經注 | CT 123 |
| 15 / 032 | 黃帝陰符經注 | CT 125 |
| 15 / 033 | 黃帝陰符經夾頌解注 | CT 126 |
| 15 / 034 | 黃帝陰符經頌 | CT 311 |
| 15 / 035 | 陰符天機經 | CT 1190 (°) |

# 道教易學

## Taoism and the *Book of Changes*

### Vol. 16

| | | |
|---|---|---|
| 16 / 001 | 周易參同契 | CT 999 |
| 16 / 002 | 金碧五相類參同契 | CT 904 |
| 16 / 003 | 周易參同契注 | CT 1004 |
| 16 / 004 | 周易參同契分章通真義 | CT 1002 |

| | | |
|---|---|---|
| 16 / 005 | 周易參同契鼎器歌明鏡圖 | CT 1003 |
| 16 / 006 | 周易參同契注 | CT 1000 |
| 16 / 007 | 周易參同契 | CT 1008 |
| 16 / 008 | 周易參同契解 | CT 1007 |
| 16 / 009 | 周易參同契分章注 | 道藏輯要本 |
| 16 / 010 | 周易參同契考異 | CT 1001 (°) |
| 16 / 011 | 周易參同契發揮 | CT 1005 |
| 16 / 012 | 周易參同契釋疑 | CT 1006 |
| 16 / 013 | 易林 | CT 1475 |
| 16 / 014 | 易數鉤隱圖 | CT 159 |
| 16 / 015 | 易數鉤隱圖遺論九事 | CT 160 |
| 16 / 016 | 周易圖 | CT 157 |
| 16 / 017 | 大易象數鉤深圖 | CT 158 |
| 16 / 018 | 易外別傳 | CT 1009 |
| 16 / 019 | 易筮通變 | CT 1011 |
| 16 / 020 | 易圖通變 | CT 1012–1014 |
| 16 / 021 | 天原發微 | CT 1182 |

## Vol. 17

| | | |
|---|---|---|
| 17 / 001 | 易象圖說內篇 | CT 161 |
| 17 / 002 | 易象圖說外篇 | CT 162 |
| 17 / 003 | 古易考原 | CT 1474 |
| 17 / 004 | 易因 | CT 1473 |
| 17 / 005 | 皇極經世 | CT 1040 |
| 17 / 006 | 集注太玄經 | CT 1183 |

# 太清金丹經

## Alchemy

### Vol. 18

| | | |
|---|---|---|
| 18 / 001 | 太清金液神丹經 | CT 880 |
| 18 / 002 | 太清金液神氣經 | CT 882 |
| 18 / 003 | 太清經天師口訣 | CT 883 |
| 18 / 004 | 太清經斷穀法 | CT 846 |
| 18 / 005 | 太清石壁記 | CT 881 |
| 18 / 006 | 上清九真中經內訣 | CT 908 |
| 18 / 007 | 上清經真丹祕訣 | CT 845 |
| 18 / 008 | 靈寶眾真丹訣 | CT 419 |
| 18 / 009 | 太極真人九轉還丹經要訣 | CT 889 |
| 18 / 010 | 太極真人雜丹藥方 | CT 946 |
| 18 / 011 | 黃帝九鼎神丹經訣 | CT 885 |
| 18 / 012 | 九轉流珠神仙九丹經 | CT 952 |
| 18 / 013 | 抱朴子神仙金汋經 | CT 917 |
| 18 / 014 | 神仙服餌丹石行藥法 | CT 420 |
| 18 / 015 | 神仙養生祕術 | CT 948 |
| 18 / 016 | 通玄祕術 | CT 942 |
| 18 / 017 | 靈飛散傳信錄 | CT 943 |
| 18 / 018` | 玄霜掌上錄 | CT 945 |
| 18 / 019 | 懸解錄 | CT 928 |
| 18 / 020 | 雁門公妙解錄 | CT 944 (°) |
| 18 / 021 | 神仙服食靈草菖蒲丸方傳 | CT 844 |
| 18 / 022 | 太上肘後玉經方 | CT 847 |
| 18 / 023 | 蓬萊山西竈還丹歌 | CT 916 |
| 18 / 024 | 白雲仙人靈草歌 | CT 932 |
| 18 / 025 | 種芝草法 | CT 933 |
| 18 / 026 | 純陽呂真人藥石製 | CT 903 |
| 18 / 027 | 軒轅黃帝水經藥法 | CT 929 |

| | | |
|---|---|---|
| 18 / 028 | 三十六水法 | CT 930 |
| 18 / 029 | 參同契五相類祕要 | CT 905 |
| 18 / 030 | 陰真君金石五相類 | CT 906 |
| 18 / 031 | 金石簿五九數訣 | CT 907 |
| 18 / 032 | 石藥爾雅 | CT 901 |
| 18 / 033 | 丹方鑑源 | CT 925 |
| 18 / 034 | 玄和子十二月卦金訣 | CT 1274 |
| 18 / 035 | 天皇太一神律避穢經 | CT 1268 |
| 18 / 036 | 神仙鍊丹點鑄三元寶照法 | CT 863 |
| 18 / 037 | 魏伯陽七返丹砂訣 | CT 888 |
| 18 / 038 | 大洞鍊真寶經妙訣 | CT 890–891 |
| 18 / 039 | 太上衛靈神化九轉丹砂法 | CT 892 |
| 18 / 040 | 九轉靈砂大丹 | CT 893 |
| 18 / 041 | 九轉青金靈砂丹 | CT 894 |
| 18 / 042 | 陰陽九轉成紫金點化還丹訣 | CT 895 |
| 18 / 043 | 玉洞大神丹砂真要訣 | CT 896 |
| 18 / 044 | 靈砂大丹祕訣 | CT 897 |
| 18 / 045 | 九轉靈砂大丹資聖玄經 | CT 886 |
| 18 / 046 | 張真人金石靈砂論 | CT 887 |
| 18 / 047 | 太古土兌經 | CT 949 |
| 18 / 048 | 感氣十六轉金丹 | CT 911 |
| 18 / 049 | 諸家神品丹法 | CT 918 |
| 18 / 050 | 鉛汞甲庚至寶集成 | CT 919 |
| 18 / 051 | 丹房奧論 | CT 920 |
| 18 / 052 | 指歸集 | CT 921 |
| 18 / 053 | 丹房須知 | CT 900 |
| 18 / 054 | 漁莊邂逅錄 | CT 1086 |
| 18 / 055 | 碧玉朱砂寒林玉樹匱 | CT 898 |
| 18 / 056 | 金華玉液大丹 | CT 910 |
| 18 / 057 | 金華沖碧丹經祕旨 | CT 914 |
| 18 / 058 | 庚道集 | CT 953 |
| 18 / 059 | 大丹記 | CT 899 |
| 18 / 060 | 大丹鉛汞論 | CT 923 |

| | | |
|---|---|---|
| 18 / 061 | 修鍊大丹要旨 | CT 912 |
| 18 / 062 | 龍虎還丹訣 | CT 909 |
| 18 / 063 | 龍虎還丹訣頌 | CT 1082 |
| 18 / 064 | 龍虎元旨 | CT 1083 |
| 18 / 065 | 龍虎還丹訣 | CT 1084 |
| 18 / 066 | 通幽訣 | CT 913 |
| 18 / 067 | 紅鉛入黑鉛訣 | CT 941 |
| 18 / 068 | 玉清內書 | CT 947 |
| 18 / 069 | 還丹肘後訣 | CT 915 |
| 18 / 070 | 太清修丹祕訣 | CT 884 |
| 18 / 071 | 太白經 | CT 934 |
| 18 / 072 | 元陽子金液集 | CT 238 |
| 18 / 073 | 還丹歌訣 | CT 265 |
| 18 / 074 | 還丹金液歌注 | CT 239 |
| 18 / 075 | 陶真人內丹賦 | CT 259 |
| 18 / 076 | 金丹賦 | CT 261 |
| 18 / 077 | 還金述 | CT 922 |
| 18 / 078 | 大丹篇 | CT 938 |
| 18 / 079 | 金液還丹百問訣 | CT 266 |
| 18 / 080 | 海客論 | CT 1045 |
| 18 / 081 | 太上日月混元經 | CT 656 |
| 18 / 082 | 金丹真一論 | CT 1080 |
| 18 / 083 | 還丹眾仙論 | CT 233 |
| 18 / 084 | 修丹妙用至理論 | CT 234 |
| 18 / 085 | 上洞心丹經訣 | CT 950 |
| 18 / 086 | 先天玄妙玉女太上聖母資傳仙道 | CT 868 |
| 18 / 087 | 太清玉碑子 | CT 927 |
| 18 / 088 | 大丹問答 | CT 939 |
| 18 / 089 | 金木萬靈論 | CT 940 |
| 18 / 090 | 太極左仙公說神符經 | CT 1117 |
| 18 / 091 | 稚川真人校證術 | CT 902 |
| 18 / 092 | 真元妙道要略 | CT 924 |
| 18 / 093 | 修真歷驗鈔圖 | CT 152 |

## Vol. 19

| | | |
|---|---|---|
| 19 / 001 | 太上九要心印妙經 | CT 225 |
| 19 / 002 | 太上老君內丹經 | CT 643 |
| 19 / 003 | 太上老君內日用妙經 | CT 645 |
| 19 / 004 | 太上老君外日用妙經 | CT 646 |
| 19 / 005 | 太清元極至妙神珠玉顆經 | CT 865 |
| 19 / 006 | 太上長文大洞靈寶幽玄上品妙經 | CT 991 |
| 19 / 007 | 太上長文大洞靈寶幽玄上品妙經發揮 | CT 992 |
| 19 / 008 | 太上元寶金庭無為妙經 | CT 1399 |
| 19 / 009 | 太上化道度世仙經 | CT 648 |
| 19 / 010 | 混元八景真經 | CT 660 |
| 19 / 011 | 混元陽符經 | CT 32 |
| 19 / 012 | 稾簹子 | CT 1188 |
| 19 / 013 | 陰丹內篇 | CT 1189 |
| 19 / 014 | 真龍虎九仙經 | CT 227 |
| 19 / 015 | 靈寶大煉內旨行持機要 | CT 407 (°) |
| 19 / 016 | 古文龍虎經注疏 | CT 996 |
| 19 / 017 | 古文龍虎上經注 | CT 997–998 |
| 19 / 018 | 大還丹金虎白龍論 | CT 937 |
| 19 / 019 | 大還丹照鑑 | CT 926 |
| 19 / 020 | 西山群仙會真記 | CT 246 |
| 19 / 021 | 紫元君授道傳心法 | CT 226 |
| 19 / 022 | 玄珠歌 | CT 573 |
| 19 / 023 | 巨勝歌 | CT 931 |
| 19 / 024 | 破迷正道歌 | CT 270 |
| 19 / 025 | 太上洞真凝神修行經訣 | CT 139 |
| 19 / 026 | 祕傳正陽真人靈寶畢法 | CT 1191 |
| 19 / 027 | 呂純陽真人沁園春丹詞注解 | CT 136 |
| 19 / 028 | 陰真君還丹歌注 | CT 134 |
| 19 / 029 | 學仙辨真訣 | CT 138 |
| 19 / 030 | 陳先生內丹訣 | CT 1096 |
| 19 / 031 | 丹論訣旨心鑑 | CT 935 |

| | | |
|---|---|---|
| 19 / 032 | 大還心鑑 | CT 936 |
| 19 / 033 | 內丹還元訣 | CT 1098 |
| 19 / 034 | 金液大丹詩 | CT 1094 |
| 19 / 035 | 龍虎精微論 | CT 1259 |
| 19 / 036 | 固氣還神九轉瓊丹論 | CT 418 |
| 19 / 037 | 太初元氣接要保生之論 | CT 1477 |
| 19 / 038 | 金晶論 | CT 236 |
| 19 / 039 | 龍虎中丹訣 | CT 228 |
| 19 / 040 | 諸真論還丹訣 | CT 230 |
| 19 / 041 | 養命機關金丹真訣 | CT 572 |
| 19 / 042 | 還丹顯妙通幽集 | CT 237 |
| 19 / 043 | 九還七返龍虎金丹析理真訣 | CT 229 |
| 19 / 044 | 玉室經 | CT 1078 |
| 19 / 045 | 還丹至藥篇 | CT 1092 |
| 19 / 046 | 馬自然金丹口訣 | CT 1157 |
| 19 / 047 | 內丹祕訣 | CT 1085 |
| 19 / 048 | 洞元子內丹訣 | CT 1097 |
| 19 / 049 | 太玄朗然子進道詩 | CT 271 |
| 19 / 050 | 真人高象先金丹歌 | CT 1079 |
| 19 / 051 | 證道歌 | CT 1095 |
| 19 / 052 | 至真子龍虎大丹詩 | CT 269 |
| 19 / 053 | 真一金丹訣 | CT 231 |
| 19 / 054 | 谷神賦 | CT 262 |
| 19 / 055 | 擒玄賦 | CT 260 |
| 19 / 056 | 玄牝之門賦 | CT 1010 |
| 19 / 057 | 亶甲集 | CT 1093 |
| 19 / 058 | 紫陽真人悟真篇注疏 | CT 141 |
| 19 / 059 | 紫陽真人悟真直指詳說三乘祕要 | CT 143 |
| 19 / 060 | 紫陽真人悟真篇拾遺 | CT 144 |
| 19 / 061 | 悟真篇注釋 | CT 145 |
| 19 / 062 | 紫陽真人悟真篇三注 | CT 142 |
| 19 / 063 | 紫陽真人悟真篇講義 | CT 146 |
| 19 / 064 | 金丹四百字 | CT 1081 |

| | | |
|---|---|---|
| 19 / 065 | 玉清金笥青華祕文金寶內鍊丹訣 | CT 240 |
| 19 / 066 | 還源篇 | CT 1091 |
| 19 / 067 | 還丹復命篇 | CT 1088 |
| 19 / 068 | 翠虛篇 | CT 1090 |
| 19 / 069 | 海瓊問道集 | CT 1308 |
| 19 / 070 | 海瓊傳道集 | CT 1309 |
| 19 / 071 | 海瓊白真人語錄 | CT 1307 |
| 19 / 072 | 靜餘玄問 | CT 1252 |
| 19 / 073 | 碧虛子親傳直指 | CT 241 |
| 19 / 074 | 長生指要篇 | CT 1099 |
| 19 / 075 | 金丹直指 | CT 1072 |
| 19 / 076 | 爰清子至命篇 | CT 1089 |
| 19 / 077 | 三極至命筌蹄 | CT 275 |
| 19 / 078 | 玉谿子丹經指要 | CT 245 |
| 19 / 079 | 養生祕錄 | CT 579 |
| 19 / 080 | 紫團丹經 | CT 878 |
| 19 / 081 | 太上修真體元妙道經 | CT 41 |
| 19 / 082 | 太上開明天地本真經 | CT 34 |
| 19 / 083 | 真仙祕傳火候法 | CT 274 |
| 19 / 084 | 還丹祕訣養赤子神方 | CT 232 |
| 19 / 085 | 許真君石函記 | CT 951 |
| 19 / 086 | 金丹正宗 | CT 1087 |
| 19 / 087 | 先天金丹大道玄奧口訣 | CT 279 |
| 19 / 088 | 金液大丹口訣 | CT 280 |
| 19 / 089 | 了明篇 | CT 272 |
| 19 / 090 | 丹經極論 | CT 235 |
| 19 / 091 | 存神固氣論 | CT 577 |
| 19 / 092 | 金液還丹印證圖 | CT 151 |
| 19 / 093 | 修真太極混元圖 | CT 149 |
| 19 / 094 | 修真太極混元指玄圖 | CT 150 |
| 19 / 095 | 龍虎手鑑圖 | CT 153 |
| 19 / 096 | 悟玄篇 | CT 1046 |
| 19 / 097 | 谷神篇 | CT 252 |

| 19 / 098 | 太上修真玄章 | CT 1043 |
| 19 / 099 | 修真十書 | CT 263 |

# 太清攝養經

## "Nourishing Life"

### Vol. 20

| 20 / 001 | 黃帝內經素問補注釋文 | CT 1018 |
| 20 / 002 | 黃帝內經素問遺篇 | CT 1021 |
| 20 / 003 | 黃帝素問靈樞集注 | CT 1020 |
| 20 / 004 | 黃帝內經靈樞略 | CT 1019 |
| 20 / 005 | 素問六氣玄珠密語 | CT 1023 |
| 20 / 006 | 素問入式運氣論奧 | CT 1022 |
| 20 / 007 | 黃帝八十一難經纂圖句解 | CT 1024 |

### Vol. 21

| 21 / 001 | 圖經衍義本草 | CT 768–769 |
| 21 / 002 | 葛仙翁肘後備急方 | CT 1306 |

### Vol. 22

| 22 / 001 | 孫真人備急千金要方 | CT 1162–1163 |
| 22 / 002 | 急救仙方 | CT 1164 |
| 22 / 003 | 仙傳外科集驗方 | CT 1165 (°) |

### Vol. 23

| 23 / 001 | 太上黃庭內景玉經 | CT 331 |
| 23 / 002 | 太上黃庭外景玉經 | CT 332 |
| 23 / 003 | 黃庭內景玉經注 | CT 402 |

| | | |
|---|---|---|
| 23 / 004 | 黃庭外景玉經注 | CT 263 j. 58 |
| 23 / 005 | 太上黃庭外景玉經注 | CT 1032 j. 12 |
| 23 / 006 | 黃庭內外玉景經解 | CT 403 |
| 23 / 007 | 黃庭內景玉經注 | CT 401 |
| 23 / 008 | 太上黃庭中景經 | CT 1401 |
| 23 / 009 | 上清黃庭養神經 | CT 1400 |
| 23 / 010 | 黃庭遁甲緣身經 | CT 873 |
| 23 / 011 | 上清黃庭五藏六府真人玉軸經 | CT 1402 |
| 23 / 012 | 黃庭內景五臟六腑補瀉圖 | CT 432 |
| 23 / 013 | 太上浩元經 | CT 659 |
| 23 / 014 | 太上洞玄靈寶三一五氣真經 | CT 985 |
| 23 / 015 | 太清中黃真經 | CT 817 |
| 23 / 016 | 太清元道真經 | CT 1423 |
| 23 / 017 | 太上老君元道真經注解 | CT 761 |
| 23 / 018 | 南統大君內丹九章經 | CT 1054 |
| 23 / 019 | 太乙元真保命長生經 | CT 46 |
| 23 / 020 | 抱朴子別旨 | CT 1186 |
| 23 / 021 | 存神煉氣銘 | CT 834 (°) |
| 23 / 022 | 真氣還元銘 | CT 264 |
| 23 / 023 | 老子說五廚經注 | CT 763 |
| 23 / 024 | 胎息精微論 | CT 829 |
| 23 / 025 | 神氣養形論 | CT 833 |
| 23 / 026 | 服氣精義論 | CT 830 |
| 23 / 027 | 修真精義雜論 | CT 277 |
| 23 / 028 | 顯道經 | CT 862 |
| 23 / 029 | 高上玉皇胎息經 | CT 14 |
| 23 / 030 | 胎息經注 | CT 130 |
| 23 / 031 | 胎息祕要歌訣 | CT 131 |
| 23 / 032 | 幻真先生服內元氣訣 | CT 828 |
| 23 / 033 | 嵩山太無先生氣經 | CT 824 |
| 23 / 034 | 長生胎元神用經 | CT 1405 |
| 23 / 035 | 延陵先生集新舊服氣經 | CT 825 |
| 23 / 036 | 太清調氣經 | CT 820 |

| | | |
|---|---|---|
| 23 / 037 | 太清服氣口訣 | CT 822 |
| 23 / 038 | 太清風露經 | 北京圖書館藏本 (藏外道書) |
| 23 / 039 | 太清導引養生經 | CT 818 |
| 23 / 040 | 太上老君養生訣 | CT 821 |
| 23 / 041 | 太上養生胎息氣經 | CT 819 |
| 23 / 042 | 莊周氣訣解 | CT 823 |
| 23 / 043 | 胎息抱一歌 | CT 827 |
| 23 / 044 | 氣法要妙至訣 | CT 831 |
| 23 / 045 | 上清司命茅真君修行指迷訣 | CT 832 |
| 23 / 046 | 神仙食氣金匱妙錄 | CT 836 (°) |
| 23 / 047 | 至言總 | CT 1033 |
| 23 / 048 | 太玄寶典 | CT 1034 |
| 23 / 049 | 玄珠心鏡注 | CT 575 |
| 23 / 050 | 玄珠心鏡注 | CT 574 |
| 23 / 051 | 諸真聖胎神用訣 | CT 826 |
| 23 / 052 | 長生詮經 | CT 1466 |
| 23 / 053 | 無生訣經 | CT 1467 |
| 23 / 054 | 道樞 | CT 1017 |
| 23 / 055 | 養生辨疑訣 | CT 853 (°) |
| 23 / 056 | 太清道林攝生論 | CT 1427 |
| 23 / 057 | 養性延命錄 | CT 838 |
| 23 / 058 | 抱朴子養生論 | CT 842 |
| 23 / 059 | 彭祖攝生養性論 | CT 840 |
| 23 / 060 | 孫真人攝養論 | CT 841 |
| 23 / 061 | 枕中記 | CT 837 |
| 23 / 062 | 保生銘 | CT 835 |
| 23 / 063 | 上玄高真延壽赤書 | CT 877 |
| 23 / 064 | 攝生纂錄 | CT 578 |
| 23 / 065 | 四氣攝生圖 | CT 766 |
| 23 / 066 | 養生詠玄集 | CT 843 |
| 23 / 067 | 保生要錄 | CT 849 |
| 23 / 068 | 修真祕錄 | CT 850 |

| | | |
|---|---|---|
| 23 / 069 | 混俗頤生錄 | CT 848 |
| 23 / 070 | 太上保真養生論 | CT 852 |
| 23 / 071 | 三元延壽參贊書 | CT 851 |

# 道教論集
## Treatises

## 諸子文集
### Philosophers

### Vol. 24

| | | |
|---|---|---|
| 24 / 001 | 墨子 | CT 1176 |
| 24 / 002 | 孫子注解 | CT 1180 |
| 24 / 003 | 孫子遺說 | CT 1181 |
| 24 / 004 | 公孫龍子 | CT 1172 |
| 24 / 005 | 尹文子 | CT 1173 |
| 24 / 006 | 韓非子 | CT 1177 |
| 24 / 007 | 鬻子 | CT 1171 |
| 24 / 008 | 子華子 | CT 1174 |
| 24 / 009 | 鶡冠子 | CT 1175 |
| 24 / 010 | 黃石公素書 | CT 1178 |
| 24 / 011 | 黃石公素書 | CT 1179 |
| 24 / 012 | 淮南鴻烈解 | CT 1184 |
| 24 / 013 | 鬼谷子 | CT 1025 |

### Vol. 25

| | | |
|---|---|---|
| 25 / 001 | 抱朴子內篇 | CT 1185 |
| 25 / 002 | 抱朴子外篇 | CT 1187 |

| | | |
|---|---|---|
| 25 / 003 | 劉子 | CT 1030 |
| 25 / 004 | 素履子 | CT 1027 |
| 25 / 005 | 無能子 | CT 1028 |
| 25 / 006 | 太平兩同書 | CT 1135 |
| 25 / 007 | 意林 | CT 1262 |
| 25 / 008 | 伊川擊壤集 | CT 1042 |
| 25 / 009 | 勿齋先生文集 | CT 1148 |
| 25 / 010 | 弘道錄 | CT 1464 |

# 道學論著

## Taoist Thought

### Vol. 26

| | | |
|---|---|---|
| 26 / 001 | 玄珠錄 | CT 1048 |
| 26 / 002 | 道體論 | CT 1035 |
| 26 / 003 | 坐忘論 | CT 1036 |
| 26 / 004 | 天隱子 | CT 1026 |
| 26 / 005 | 宗玄先生文集 | CT 1051 |
| 26 / 006 | 宗玄先生玄綱論 | CT 1052-1053 |
| 26 / 007 | 心目論 | CT 1038 |
| 26 / 008 | 三論元旨 | CT 1039 |
| 26 / 009 | 大道論 | CT 1037 |
| 26 / 010 | 乾元子三始論 | CT 268 |
| 26 / 011 | 玄真子外篇 | CT 1029 |
| 26 / 012 | 化書 | CT 1044 [+ 1478] (*) |
| 26 / 013 | 莊列十論 | CT 1263 |
| 26 / 014 | 太虛心淵篇 | CT 1047 |
| 26 / 015 | 三要達道篇 | CT 1260 |
| 26 / 016 | 六根歸道篇 | CT 1261 |
| 26 / 017 | 明真破妄章頌 | CT 979 |

| | | |
|---|---|---|
| 26 / 018 | 三十代天師虛靖真君語錄 | CT 1249 |

# 全真文集

## Quanzhen

### Vol. 26 (cont.)

| | | |
|---|---|---|
| 26 / 019 | 峴泉集 | CT 1311 |
| 26 / 020 | 純陽真人渾成集 | CT 1055 |
| 26 / 021 | 重陽立教十五論 | CT 1233 |
| 26 / 022 | 重陽全真集 | CT 1153 |
| 26 / 023 | 重陽教化集 | CT 1154 |
| 26 / 024 | 重陽分梨十化集 | CT 1155 |
| 26 / 025 | 重陽真人授丹陽二十四訣 | CT 1158 |
| 26 / 026 | 重陽真人金關玉鎖訣 | CT 1156 |
| 26 / 027 | 丹陽真人語錄 | CT 1057 |
| 26 / 028 | 丹陽真人直言 | CT 1234 |
| 26 / 029 | 洞玄金玉集 | CT 1149 |
| 26 / 030 | 丹陽神光燦 | CT 1150 |
| 26 / 031 | 漸悟集 | CT 1142 |
| 26 / 032 | 水雲集 | CT 1160 |
| 26 / 033 | 無為清靜長生真人至真語錄 | CT 1058 |
| 26 / 034 | 仙樂集 | CT 1141 |
| 26 / 035 | 磻溪集 | CT 1159 |
| 26 / 036 | 大丹直指 | CT 244 |
| 26 / 037 | 雲光集 | CT 1152 |
| 26 / 038 | 太古集 | CT 1161 |
| 26 / 039 | 晉真人語錄 | CT 1056 |
| 26 / 040 | 草堂集 | CT 1143 |
| 26 / 041 | 清和真人北游語錄 | CT 1310 (°) |
| 26 / 042 | 葆光集 | CT 1146 |
| 26 / 043 | 盤山棲雲王真人語錄 | CT 1059 |

## Vol. 27

| | | |
|---|---|---|
| 27 / 001 | 雲山集 | CT 1140 |
| 27 / 002 | 離峰老人集 | CT 1264 |
| 27 / 003 | 真仙直指語錄 | CT 1256 |
| 27 / 004 | 諸真內丹集要 | CT 1258 |
| 27 / 005 | 上乘修真三要 | CT 267 |
| 27 / 006 | 道禪集 | CT 1073 |
| 27 / 007 | 悟真集 | CT 1151 |
| 27 / 008 | 洞淵集 | CT 1064 |
| 27 / 009 | 上清太玄集 | CT 1061 |
| 27 / 010 | 上清太玄鑑誡論 | CT 1137 |
| 27 / 011 | 上清太玄九陽圖 | CT 154 |
| 27 / 012 | 析疑指迷論 | CT 276 |
| 27 / 013 | 雲宮法語 | CT 1049 |
| 27 / 014 | 中和集 | CT 249 |
| 27 / 015 | 清庵瑩蟾子語錄 | CT 1060 |
| 27 / 016 | 全真集玄祕要 | CT 251 |
| 27 / 017 | 三天易髓 | CT 250 |
| 27 / 018 | 會真集 | CT 247 |
| 27 / 019 | 啟真集 | CT 248 |
| 27 / 020 | 自然集 | CT 1144 |
| 27 / 021 | 西雲集 | CT 1147 |
| 27 / 022 | 紙舟先生全真直指 | CT 242 |
| 27 / 023 | 抱一子三峰老人丹訣 | CT 281 |
| 27 / 024 | 抱一函三祕訣 | CT 576 |
| 27 / 025 | 玄虛子鳴真集 | CT 1145 |
| 27 / 026 | 玄教大公案 | CT 1065 |
| 27 / 027 | 玄宗直指萬法同歸 | CT 1066 |
| 27 / 028 | 上陽子金丹大要 | CT 1067 |
| 27 / 029 | 上陽子金丹大要圖 | CT 1068 |
| 27 / 030 | 上陽子金丹大要列仙誌 | CT 1069 |
| 27 / 031 | 上陽子金丹大要仙派 | CT 1070 |

| | | |
|---|---|---|
| 27 / 032 | 修煉須知 | CT 1077 (°) |
| 27 / 033 | 陳虛白規中指南 | CT 243 |
| 27 / 034 | 鳴鶴餘音 | CT 1100 |
| 27 / 035 | 全真清規 | CT 1235 |
| 27 / 036 | 全真坐鉢捷法 | CT 1229 |
| 27 / 037 | 還真集 | CT 1074 |
| 27 / 038 | 道玄篇 | CT 1075 |
| 27 / 039 | 青天歌注釋 | CT 137 |
| 27 / 040 | 崔公入藥鏡注解 | CT 135 |
| 27 / 041 | 隨機應化錄 | CT 1076 |
| 27 / 042 | 群仙要語纂集 | CT 1257 |
| 27 / 043 | 原陽子法語 | CT 1071 |

# 道教類書

## Encyclopedias

### Vol. 28

| | | |
|---|---|---|
| 28 / 001 | 無上祕要 | CT 1138 |
| 28 / 002 | 大道通玄要 | 敦煌抄本 |
| 28 / 003 | 敦煌失題道教類書七種 | 敦煌抄本 |
| 28 / 004 | 道典論 | CT 1130 |
| 28 / 005 | 道要靈祇神鬼品經 | CT 1201 |
| 28 / 006 | 上清道類事相 | CT 1132 |
| 28 / 007 | 三洞珠囊 | CT 1139 |
| 28 / 008 | 上清道寶經 | CT 1353 |
| 28 / 009 | 太平御覽 (j. 659-679) | 中華書局影印宋刻本 (參校本：CT 1230) |
| 28 / 010 | 道書援神契 | CT 1231 |
| 28 / 011 | 天皇至道太清玉冊 | CT 1483 |

## Vol. 29

29 / 001　雲笈七籤　　　　　　　　　　　　　CT 1032

## 道 法 眾 術
## Practices

## 道法諸經
## Texts

## Vol. 30

| | | |
|---|---|---|
| 30 / 001 | 太上洞淵神咒經 | CT 335 |
| 30 / 002 | 太上洞淵神咒經 | 敦煌抄本 |
| 30 / 003 | 洞玄靈寶飛仙上品妙經 | CT 381 |
| 30 / 004 | 上元經 | 敦煌抄本 |
| 30 / 005 | 太上洞淵北帝天蓬護命消災神咒妙經 | CT 53 |
| 30 / 006 | 太上洞淵辭瘟神咒妙經 | CT 54 |
| 30 / 007 | 太上洞淵說請雨龍王經 | CT 362 |
| 30 / 008 | 太上召諸神龍安鎮墳墓經 | CT 363 |
| 30 / 009 | 太上洞淵三昧帝心光明正印太極紫微伏魔制鬼拯救惡道集福吉祥神咒 | CT 386 |
| 30 / 010 | 太上洞神洞淵神咒治病口章 | CT 1290 |
| 30 / 011 | 太上洞淵神咒齋儀 | 敦煌抄本 |
| 30 / 012 | 太上洞淵三昧神咒齋懺謝儀 | CT 525 |
| 30 / 013 | 太上洞淵三昧神咒齋十方懺儀 | CT 527 |
| 30 / 014 | 太上洞淵三昧神咒齋清旦行道儀 | CT 526 |
| 30 / 015 | 洞真太極北帝紫微神咒妙經 | CT 49 |
| 30 / 016 | 太上元始天尊說北帝伏魔神咒妙經 | CT 1412 |
| 30 / 017 | 太上北極伏魔神咒殺鬼籙 | CT 1215 |

| | | |
|---|---|---|
| 30 / 018 | 北帝伏魔經法建壇儀 | CT 1413 |
| 30 / 019 | 伏魔經壇謝恩醮儀 | CT 1414 |
| 30 / 020 | 北帝說豁落七元經 | CT 1415 |
| 30 / 021 | 七元真訣語驅疫祕經 | CT 1416 |
| 30 / 022 | 七元璇璣召魔品經 | CT 1417 |
| 30 / 023 | 元始說度酆都經 | CT 1418 |
| 30 / 024 | 七元召魔伏六天神咒經 | CT 1419 |
| 30 / 025 | 七元真人說神真靈符經 | CT 1420 |
| 30 / 026 | 太上紫微中天七元真經 | CT 1421 |
| 30 / 027 | 北帝七元紫庭延生祕訣 | CT 1265 |
| 30 / 028 | 上清天心正法 | CT 566 |
| 30 / 029 | 上清北極天心正法 | CT 567 |
| 30 / 030 | 上清骨髓靈文鬼律 | CT 461 |
| 30 / 031 | 天心正法修真道場設醮儀 | CT 807 |
| 30 / 032 | 太上助國救民總真祕要 | CT 1227 |
| 30 / 033 | 無上玄元三天玉堂大法 | CT 220 |
| 30 / 034 | 無上三天玉堂正宗高奔內景玉書 | CT 221 |
| 30 / 035 | 太上說紫微神兵護國消魔經 | CT 655 |
| 30 / 036 | 元始天尊說北方真武妙經 | CT 27 |
| 30 / 037 | 太上說玄天大聖真武本傳神咒妙經 | CT 775 |
| 30 / 038 | 太上說玄天大聖真武本傳神咒妙經注 | CT 754 (°) |
| 30 / 039 | 太上玄天真武無上將軍籙 | CT 1213 |
| 30 / 040 | 真武靈應真君增上佑聖尊號冊文 | CT 776 |
| 30 / 041 | 北極真武佑聖真君禮文 | CT 816 |
| 30 / 042 | 太上元始天尊說寶月光皇后聖母天尊孔雀明王經 | CT 1433–1435 |
| 30 / 043 | 玄天上帝百字聖號 | CT 1482 |
| 30 / 044 | 玄天上帝說報父母恩重經 | CT 663 |
| 30 / 045 | 玄天上帝啟聖錄 | CT 958 |
| 30 / 046 | 玄天上帝啟聖靈異錄 | CT 961 |
| 30 / 047 | 大明玄天上帝瑞應圖錄 | CT 959 |
| 30 / 048 | 御製真武廟碑 | CT 960 |
| 30 / 049 | 上方靈寶無極至道開化真經 | CT 1133 |
| 30 / 050 | 上方鈞天演範真經 | CT 1134 |

| | | |
|---|---|---|
| 30 / 051 | 上方天尊說真元通仙道經 | CT 57 |
| 30 / 052 | 上方大洞真元妙經品 | CT 436 |
| 30 / 053 | 上方大洞真元妙經圖 | CT 437 |
| 30 / 054 | 上方大洞真元陰陽陟降圖書後解 | CT 438 |
| 30 / 055 | 上方大洞真元圖書繼說終篇 | CT 439 |
| 30 / 056 | 淵源道妙洞真繼篇 | CT 995 |

## Vol. 31

| | | |
|---|---|---|
| 31 / 001 | 清微仙譜 | CT 171 |
| 31 / 002 | 清微丹訣 | CT 278 |
| 31 / 003 | 清微齋法 | CT 224 |
| 31 / 004 | 清微神烈祕法 | CT 222 |
| 31 / 005 | 清微元降大法 | CT 223 |
| 31 / 006 | 清微玄樞奏告儀 | CT 218 |
| 31 / 007 | 高上神霄宗師受經式 | CT 1282 |
| 31 / 008 | 高上神霄玉清真王紫書大法 | CT 1219 |
| 31 / 009 | 無上九霄玉清大梵紫微玄都雷霆玉經 | CT 15 |
| 31 / 010 | 九天應元雷聲普化天尊玉樞寶經 | CT 16 |
| 31 / 011 | 九天應元雷聲普化天尊玉樞寶經集注 | CT 99 |
| 31 / 012 | 九天應元雷聲普化天尊玉樞寶懺 | CT 195 |
| 31 / 013 | 雷霆玉樞宥罪法懺 | CT 196 |
| 31 / 014 | 太上說朝天謝雷真經 | CT 17 |
| 31 / 015 | 沖虛通妙侍宸王先生家話 | CT 1250 |
| 31 / 016 | 雷法議玄篇 | CT 1254 |
| 31 / 017 | 道法心傳 | CT 1253 |
| 31 / 018 | 明道篇 | CT 273 |
| 31 / 019 | 道法宗旨圖衍義 | CT 1277 |
| 31 / 020 | 雨暘氣候親機 | CT 1275 |
| 31 / 021 | 元始洞真慈善孝子報恩成道經 | CT 66 |
| 31 / 022 | 洞玄靈寶八仙王教誡經 | CT 1112 |
| 31 / 023 | 洞玄靈寶道要經 | CT 380 |
| 31 / 024 | 太上靈寶淨明法序 | CT 559 (*) |

| | | |
|---|---|---|
| 31 / 025 | 太上靈寶淨明入道品 | CT 557 |
| 31 / 026 | 太上靈寶淨明法印式 | CT 559 (*) |
| 31 / 027 | 太上靈寶淨明洞神上品經 | CT 1103 |
| 31 / 028 | 太上靈寶淨明祕法篇 | CT 561 |
| 31 / 029 | 高上月宮太陰元君孝道仙王靈寶淨明黃素書 | CT 555 |
| 31 / 030 | 靈寶淨明黃素書釋義祕訣 | CT 556 |
| 31 / 031 | 太上洞玄靈寶飛仙度人經法 | CT 563 (°)–564 |
| 31 / 032 | 太上淨明院補奏職局太玄都省須知 | CT 565 |
| 31 / 033 | 天樞院都司須知格 | CT 552 |
| 31 / 034 | 天樞院都司須知令 | CT 551 |
| 31 / 035 | 天樞院都司須知行遣式 | CT 619 |
| 31 / 036 | 靈寶淨明天樞都司法院須知法文 | CT 553 |
| 31 / 037 | 靈寶淨明院行遣式 | CT 618 |
| 31 / 038 | 靈寶淨明院教師周真公起請畫一 | CT 554 |
| 31 / 039 | 靈寶淨明院真師密誥 | CT 558 |
| 31 / 040 | 上清天樞院回車畢道正法 | CT 549 |
| 31 / 041 | 靈寶淨明新修九老神印伏魔祕法 | CT 562 |
| 31 / 042 | 許真君受鍊形神上清畢道法要節文 | CT 550 |
| 31 / 043 | 靈寶淨明大法萬道玉章祕訣 | CT 560 |
| 31 / 044 | 太上靈寶淨明玉真樞真經 | CT 1104 |
| 31 / 045 | 太上靈寶淨明道元正印經 | CT 1105 |
| 31 / 046 | 太上靈寶淨明天尊說禦瘟經 | CT 1106 |
| 31 / 047 | 太上靈寶淨明九仙水經 | CT 1108 |
| 31 / 048 | 太上靈寶首入淨明四規明鑑經 | CT 1107 |
| 31 / 049 | 太上靈寶淨明中黃八柱經 | CT 1109 |
| 31 / 050 | 淨明忠孝全書 | CT 1110 |
| 31 / 051 | 靈劍子 | CT 570 |
| 31 / 052 | 靈劍子引導子午記 | CT 571 |
| 31 / 053 | 靈寶歸空訣 | CT 568 |
| 31 / 054 | 神功妙濟真君禮文 | CT 518 |
| 31 / 055 | 靈寶天尊說洪恩靈濟真君妙經 | CT 317 |
| 31 / 056 | 洪恩靈濟真君事實 | CT 476 |
| 31 / 057 | 洪恩靈濟真君自然行道儀 | CT 468 |

| | | |
|---|---|---|
| 31 / 058 | 洪恩靈濟真君集福宿啟儀 | CT 469 |
| 31 / 059 | 洪恩靈濟真君集福早朝儀 | CT 470 |
| 31 / 060 | 洪恩靈濟真君集福午朝儀 | CT 471 |
| 31 / 061 | 洪恩靈濟真君集福晚朝儀 | CT 472 |
| 31 / 062 | 洪恩靈濟真君祈謝設醮科 | CT 473 |
| 31 / 063 | 洪恩靈濟真君七政星燈儀 | CT 475 |
| 31 / 064 | 洪恩靈濟真君禮願文 | CT 474 |
| 31 / 065 | 徐仙翰藻 | CT 1468 |
| 31 / 066 | 徐仙真錄 | CT 1470 |
| 31 / 067 | 贊靈集 | CT 1469 |

## Vol. 32

| | | |
|---|---|---|
| 32 / 001 | 靈棋本章正經 | CT 1041 |
| 32 / 002 | 靈棋卜法 | 敦煌抄本 |
| 32 / 003 | 靈信經旨 | CT 1425 |
| 32 / 004 | 扶天廣聖如意靈籤 | CT 1303 |
| 32 / 005 | 四聖真君靈籤 | CT 1298 |
| 32 / 006 | 玄真靈應寶籤 | CT 1299 |
| 32 / 007 | 大慈好生九天衛房聖母元君靈應寶籤 | CT 1300 |
| 32 / 008 | 護國嘉濟江東王靈籤 | CT 1304–1305 |
| 32 / 009 | 洪恩靈濟真君靈籤 | CT 1301 |
| 32 / 010 | 靈濟真君注生堂靈籤 | CT 1302 |
| 32 / 011 | 黃帝龍首經 | CT 283 |
| 32 / 012 | 黃帝金匱玉衡經 | CT 284 |
| 32 / 013 | 黃帝授三子玄女經 | CT 285 |
| 32 / 014 | 黃帝宅經 | CT 282 |
| 32 / 015 | 儒門崇理折衷堪輿完孝錄 | CT 1471 |
| 32 / 016 | 通占大象曆星經 | CT 287 |
| 32 / 017 | 太上洞神五星讚 | CT 976 |
| 32 / 018 | 盤天經 | CT 1276 |
| 32 / 019 | 秤星靈臺祕要經 | CT 289 |
| 32 / 020 | 靈臺經 | CT 288 |

| | | |
|---|---|---|
| 32 / 021 | 紫微斗數 | CT 1485 |
| 32 / 022 | 玄精碧匣靈寶聚玄經 | CT 984 |
| 32 / 023 | 六十甲子本命元辰曆 | CT 1289 |
| 32 / 024 | 元辰章醮立成曆 | CT 1288 |
| 32 / 025 | 九天上聖祕傳金符經 | CT 1267 |
| 32 / 026 | 鄧天君玄靈八門報應內旨 | CT 1266 |
| 32 / 027 | 許真君玉匣記 | CT 1480–1481 |
| 32 / 028 | 虛靜沖和先生徐神翁語錄 | CT 1251 |
| 32 / 029 | 祕藏通玄變化六陰洞微遁甲真經 | CT 857 |
| 32 / 030 | 太上六壬明鑑符陰經 | CT 861 |
| 32 / 031 | 太上洞神玄妙白猿真經 | CT 858 |
| 32 / 032 | 太上登真三矯靈應經 | CT 286 |
| 32 / 033 | 黃帝太乙八門入式訣 | CT 586 |
| 32 / 034 | 黃帝太一八門入式祕訣 | CT 587 |
| 32 / 035 | 黃帝太一八門逆順生死訣 | CT 588 |
| 32 / 036 | 太上赤文洞神三籙 | CT 589 |
| 32 / 037 | 上清六甲祈禱祕法 | CT 584 |
| 32 / 038 | 靈寶六丁祕法 | CT 581 |
| 32 / 039 | 玄圃山靈｛匚+金｝祕籙 | CT 580 |
| 32 / 040 | 魁罡六鎖祕法 | CT 582 |
| 32 / 041 | 太上三辟五解祕法 | CT 583 |
| 32 / 042 | 鬼谷子天髓靈文 | CT 867 |
| 32 / 043 | 上清鎮元榮靈經 | CT 860 |
| 32 / 044 | 太上洞玄靈寶素靈真符 | CT 389 |
| 32 / 045 | 元陽子五假論 | CT 864 |
| 32 / 046 | 太上通靈八史聖文真形圖 | CT 767 |
| 32 / 047 | 太上通玄靈印經 | CT 859 |
| 32 / 048 | 思印氣訣法 | CT 869 |
| 32 / 049 | 枕中經 | CT 1422 |
| 32 / 050 | 太上除三尸九蟲保生經 | CT 871 |
| 32 / 051 | 太上祕法鎮宅靈符 | CT 86 |
| 32 / 052 | 太上老君混元三部符 | CT 673 |
| 32 / 053 | 太上洞真經洞章符 | CT 85 |

| | | |
|---|---|---|
| 32 / 054 | 上清太一金闕玉璽金真紀 | CT 394 |
| 32 / 055 | 靈書肘後鈔 | CT 1279 |
| 32 / 056 | 三洞樞機雜說 | CT 839 |
| 32 / 057 | 上清太淵神龍瓊胎乘景上玄玉章 | CT 994 |
| 32 / 058 | 北斗治法武威經 | CT 870 |
| 32 / 059 | 天老神光經 | CT 866 |
| 32 / 060 | 太上三元飛星冠禁金書玉籙圖 | CT 764 |
| 32 / 061 | 太上洞玄三洞開天風雷禹步制魔神咒經 | CT 385 |
| 32 / 062 | 太上元陽上帝無始天尊說火車王靈官真經 | CT 1443 |
| 32 / 063 | 太上說青玄雷令法行因地妙經 | CT 1198 |
| 32 / 064 | 太上三洞神咒 | CT 78 |
| 32 / 065 | 太乙火府奏告祈禳儀 | CT 217 |
| 32 / 066 | 太清玉司左院祕要上法 | CT 1247 |
| 32 / 067 | 太極祭鍊內法 | CT 548 |
| 32 / 068 | 貫斗忠孝五雷武侯祕法 | CT 585 |

# 道法總集

# Collections

## Vol. 33

| | | |
|---|---|---|
| 33 / 001 | 太玄金鎖流珠引 | CT 1015 (°) |
| 33 / 002 | 上清靈寶大法 | CT 1221 |

## Vol. 34

| | | |
|---|---|---|
| 34 / 001 | 上清靈寶大法 | CT 1222–1223 |
| 34 / 002 | 靈寶無量度人上品妙經 | CT 1 |
| 34 / 003 | 元始無量度人上品妙經直音 | CT 2 |

## Vol. 35

| | | |
|---|---|---|
| 35 / 001 | 靈寶無量度人上經大法 | CT 219 |
| 35 / 002 | 靈寶玉鑑 | CT 546–547 |

# 道法會元

## *Daofa huiyuan*

### Vol. 36

| | | |
|---|---|---|
| 36 / 001 | 道法會元 (j. 1–94) | CT 1220 |

### Vol. 37

| | | |
|---|---|---|
| 37 / 001 | 道法會元 (j. 95–174) | CT 1220 |

### Vol. 38

| | | |
|---|---|---|
| 38 / 001 | 道法會元 (j. 175–268) | CT 1220 |

# 靈寶領教濟度金書

## *Lingbao lingjiao jidu jinshu*

### Vol. 39

| | | |
|---|---|---|
| 39 / 001 | 靈寶領教濟度金書 (j. 1–133) | CT 465–466 |

### Vol. 40

| | | |
|---|---|---|
| 40 / 001 | 靈寶領教濟度金書 (j. 134–277) | CT 465–466 |

## Vol. 41

| | | |
|---|---|---|
| 41 / 001 | 靈寶領教濟度金書 (j. 278–320) | CT 465–466 |
| 41 / 002 | 法海遺珠 | CT 1166 |

# 道教科儀
## Ritual

### 科戒威儀
### Codes and Liturgies

## Vol. 42

| | | |
|---|---|---|
| 42 / 001 | 洞玄靈寶三洞奉道科戒營始 | CT 1125 |
| 42 / 002 | 三洞奉道科戒儀範 | 敦煌抄本 |
| 42 / 003 | 洞玄靈寶道學科儀 | CT 1126 |
| 42 / 004 | 洞玄靈寶千真科 | CT 1410 |
| 42 / 005 | 三洞道士居山修鍊科 | CT 1272 |
| 42 / 006 | 太上洞玄靈寶法身製論 | CT 462 |
| 42 / 007 | 洞玄靈寶鐘磬威儀經 | CT 531 |
| 42 / 008 | 玄門十事威儀 | CT 792 |
| 42 / 009 | 神人說三元威儀觀行經 | 敦煌抄本 |
| 42 / 010 | 正一威儀經 | CT 791 |
| 42 / 011 | 正一修真略儀 | CT 1239 |
| 42 / 012 | 傳授三洞經戒法籙略說 | CT 1241 |
| 42 / 013 | 洞玄靈寶道士受三洞經誡法籙擇日曆 | CT 1240 |
| 42 / 014 | 洞玄靈寶三師名諱形狀居觀方所文 | CT 445 |
| 42 / 015 | 醮三洞真文五法正一盟威籙立成儀 | CT 1212 |
| 42 / 016 | 三洞眾戒文 | CT 178 |
| 42 / 017 | 三洞法服科戒文 | CT 788 |

| | | |
|---|---|---|
| 42 / 018 | 受籙次第法信儀 | CT 1244 |
| 42 / 019 | 要修科儀戒律鈔 | CT 463 |
| 42 / 020 | 齋戒籙 | CT 464 |
| 42 / 021 | 玄壇刊誤論 | CT 1280 |
| 42 / 022 | 三洞修道儀 | CT 1237 |
| 42 / 023 | 太上出家傳度儀 | CT 1236 |
| 42 / 024 | 道門科範大全集 | CT 1225 |
| 42 / 025 | 道門通教必用集 | CT 1226 |
| 42 / 026 | 道門定制 | CT 1224 |
| 42 / 027 | 道門十規 | CT 1232 |
| 42 / 028 | 虛皇天尊初真十戒文 | CT 180 |
| 42 / 029 | 洞玄靈寶天尊說十戒經 | CT 459 |
| 42 / 030 | 天尊說禁誡經 | 敦煌抄本 |
| 42 / 031 | 赤松子中誡經 | CT 185 |
| 42 / 032 | 唐太古妙應孫真人福壽論 | CT 1426 |
| 42 / 033 | 太上感應篇 | CT 1167 |
| 42 / 034 | 太微仙君功過格 | CT 186 |
| 42 / 035 | 水鏡錄 | CT 1479 |

## 靈寶諸齋儀

### Retreats (*Zhai*)

### Vol. 43

| | | |
|---|---|---|
| 43 / 001 | 敦煌本靈寶金籙齋儀 | 敦煌抄本 (擬) |
| 43 / 002 | 金籙齋啟壇儀 | CT 483 |
| 43 / 003 | 金籙齋懺方儀 | CT 488 |
| 43 / 004 | 金籙大齋宿啟儀 | CT 484 |
| 43 / 005 | 金籙大齋啟盟儀 | CT 485 |
| 43 / 006 | 金籙大齋補職說戒儀 | CT 486 |
| 43 / 007 | 金籙早午晚朝儀 | CT 487 |
| 43 / 008 | 金籙解壇儀 | CT 489 |

| | | |
|---|---|---|
| 43 / 009 | 金籙齋投簡儀 | CT 498 |
| 43 / 010 | 金籙齋三洞讚詠儀 | CT 310 |
| 43 / 011 | 金籙設醮儀 | CT 490 |
| 43 / 012 | 金籙齋放生儀 | CT 491 (°) |
| 43 / 013 | 金籙祈壽早午晚朝儀 | CT 492 |
| 43 / 014 | 金籙上壽三獻儀 | CT 493 |
| 43 / 015 | 金籙延壽設醮儀 | CT 494 |
| 43 / 016 | 金籙玄靈轉經早午晚行道儀 | CT 495 (°) |
| 43 / 017 | 金籙十迴度人早午晚朝開收儀 | CT 496 |
| 43 / 018 | 金籙十迴度人三朝轉經儀 | CT 497 |
| 43 / 019 | 玉籙資度宿啟儀 | CT 499 |
| 43 / 020 | 玉籙資度解壇儀 | CT 500 |
| 43 / 021 | 玉籙資度設醮儀 | CT 501 |
| 43 / 022 | 玉籙資度早午晚朝儀 | CT 502 |
| 43 / 023 | 玉籙生神資度轉經儀 | CT 503 |
| 43 / 024 | 玉籙生神資度開收儀 | CT 504 |
| 43 / 025 | 玉籙三日九朝儀 | CT 505 |
| 43 / 026 | 玉籙濟幽判斛儀 | CT 506 |
| 43 / 027 | 太上黃籙齋儀 | CT 507 |
| 43 / 028 | 無上黃籙大齋立成儀 | CT 508 |
| 43 / 029 | 黃籙救苦十齋轉經儀 | CT 509 |
| 43 / 030 | 黃籙十念儀 | CT 510 |
| 43 / 031 | 黃籙五老悼亡儀 | CT 511 |
| 43 / 032 | 黃籙齋十天尊儀 | CT 512 |
| 43 / 033 | 黃籙齋十洲三島拔度儀 | CT 513 |
| 43 / 034 | 黃籙九幽醮無礙夜齋次第儀 | CT 514 |
| 43 / 035 | 太上靈寶玉匱明真齋懺方儀 | CT 519 |
| 43 / 036 | 太上靈寶玉匱明真大齋懺方儀 | CT 520 |
| 43 / 037 | 太上靈寶玉匱明真大齋言功儀 | CT 521 |
| 43 / 038 | 洞玄靈寶八節齋宿啟儀 | CT 1296 |
| 43 / 039 | 洞玄靈寶自然齋戒威儀經 | 敦煌抄本 (擬) |
| 43 / 040 | 洞玄靈寶自然齋儀 | CT 523 |
| 43 / 041 | 洞玄度靈寶自然券儀 | CT 522 |

| | | |
|---|---|---|
| 43 / 042 | 靈寶半景齋儀 | CT 517 |

## 燈儀法懺章表

## "Lamp Liturgies," Penances, Memorials

### Vol. 44

| | | |
|---|---|---|
| 44 / 001 | 玉皇十七慈光燈儀 | CT 197 |
| 44 / 002 | 上清十一大曜燈儀 | CT 198 |
| 44 / 003 | 南斗延壽燈儀 | CT 199 |
| 44 / 004 | 北斗七元星燈儀 | CT 200 |
| 44 / 005 | 北斗本命延壽燈儀 | CT 201 |
| 44 / 006 | 三官燈儀 | CT 202 |
| 44 / 007 | 玄帝燈儀 | CT 203 |
| 44 / 008 | 九天三茅司命仙燈儀 | CT 204 |
| 44 / 009 | 萬靈燈儀 | CT 205 |
| 44 / 010 | 五顯靈觀大帝燈儀 | CT 206 |
| 44 / 011 | 土司燈儀 | CT 207 |
| 44 / 012 | 東廚司命燈儀 | CT 208 |
| 44 / 013 | 正一瘟司辟毒神燈儀 | CT 209 |
| 44 / 014 | 離明瑞象燈儀 | CT 210 |
| 44 / 015 | 黃籙九陽梵氣燈儀 | CT 211 |
| 44 / 016 | 黃籙九巵燈儀 | CT 212 |
| 44 / 017 | 黃籙破獄燈儀 | CT 213 |
| 44 / 018 | 黃籙五苦輪燈儀 | CT 214 |
| 44 / 019 | 太上玉清謝罪登真寶懺 | CT 190 |
| 44 / 020 | 太上上清禳災延壽寶懺 | CT 191 |
| 44 / 021 | 太上泰清拔罪昇天寶懺 | CT 192 |
| 44 / 022 | 太上靈寶朝天謝罪大懺 | CT 189 |
| 44 / 023 | 太上靈寶十方應號天尊懺 | CT 542 |
| 44 / 024 | 太上慈悲道場消災九幽懺 | CT 543 |
| 44 / 025 | 太上慈悲九幽拔罪懺 | CT 544 |

| | | |
|---|---|---|
| 44 / 026 | 太上慈悲道場滅罪水懺 | CT 545 |
| 44 / 027 | 太上玄司滅罪紫府消災法懺 | CT 536 |
| 44 / 028 | 太上瑤臺益算寶籍延年懺 | CT 812 |
| 44 / 029 | 青玄救苦寶懺 | CT 539 |
| 44 / 030 | 慈尊昇度寶懺 | CT 540 |
| 44 / 031 | 太上消滅地獄昇陟天堂懺 | CT 537 |
| 44 / 032 | 太一救苦天尊說拔度血湖寶懺 | CT 538 |
| 44 / 033 | 太上靈寶三元三官消愆滅罪懺 | CT 533–535 |
| 44 / 034 | 玉皇宥罪錫福寶懺 | CT 193 |
| 44 / 035 | 高上玉皇滿願寶懺 | CT 194 |
| 44 / 036 | 中天紫微星真寶懺 | CT 1450 |
| 44 / 037 | 真武靈應護世消災滅罪寶懺 | CT 814 |
| 44 / 038 | 北極真武普慈度世法懺 | CT 815 |
| 44 / 039 | 東嶽大生寶懺 | CT 541 |
| 44 / 040 | 太上正一朝天三八謝罪法懺 | CT 813 |
| 44 / 041 | 朝真發願懺悔文 | CT 1453 |
| 44 / 042 | 洞玄靈寶河圖仰謝三十六天齋儀 | CT 515 |
| 44 / 043 | 洞玄靈寶河圖仰謝三十六土皇齋儀 | CT 516 |
| 44 / 044 | 太上洞玄靈寶天尊說羅天大醮上品妙經 | CT 1194 |
| 44 / 045 | 羅天大醮早午晚三朝科 | CT 477–479 |
| 44 / 046 | 羅天大醮設醮儀 | CT 480 |
| 44 / 047 | 上清天寶齋初夜儀 | CT 216 |
| 44 / 048 | 太上金櫃玉鏡延生洞玄燭幽懺 | CT 811 |
| 44 / 049 | 太上三五傍救醮五帝斷瘟儀 | CT 809 |
| 44 / 050 | 太上消災祈福醮儀 | CT 810 |
| 44 / 051 | 太清道德顯化儀 | CT 793 |
| 44 / 052 | 玄門報孝追薦儀 | CT 481 |
| 44 / 053 | 諸師聖誕沖舉酌獻儀 | CT 482 |
| 44 / 054 | 地府十王拔度儀 | CT 215 |
| 44 / 055 | 紫皇鍊度玄科 | CT 1451 |
| 44 / 056 | 諸師真誥 | CT 309 |
| 44 / 057 | 廣成集 | CT 616 |
| 44 / 058 | 太上三洞表文 | CT 982 |

| | | |
|---|---|---|
| 44 / 059 | 三洞讚頌靈章 | CT 314 |
| 44 / 060 | 宋真宗御製玉京集 | CT 315 |
| 44 / 061 | 玉音法事 | CT 607 |
| 44 / 062 | 大明御製玄教樂章 | CT 981 |
| 44 / 063 | 大明玄教立成齋醮儀範 | CT 467 (°) |

# 道 史 仙 傳

## History and Biography

### 神仙高道傳

### Biography and Hagiography

### Vol. 45

| | | |
|---|---|---|
| 45 / 001 | 列仙傳 | CT 294 |
| 45 / 002 | 神仙傳 | 四庫全書本 |
| 45 / 003 | 歷代崇道記 | CT 593 |
| 45 / 004 | 道教靈驗記 | CT 590 |
| 45 / 005 | 錄異記 | CT 591 |
| 45 / 006 | 神仙感遇傳 | CT 592 |
| 45 / 007 | 墉城集仙錄 | CT 783 |
| 45 / 008 | 江淮異人錄 | CT 595 |
| 45 / 009 | 仙苑編珠 | CT 596 |
| 45 / 010 | 三洞群仙錄 | CT 1248 |
| 45 / 011 | 續仙傳 | CT 295 |
| 45 / 012 | 疑仙傳 | CT 299 |
| 45 / 013 | 玄品錄 | CT 781 |
| 45 / 014 | 消搖墟經 | CT 1465 |
| 45 / 015 | 搜神記 | CT 1476 |
| 45 / 016 | 廣黃帝本行記 | CT 290 |

| | | |
|---|---|---|
| 45 / 017 | 穆天子傳 | CT 291 |
| 45 / 018 | 猶龍傳 | CT 774 |

## Vol. 46

| | | |
|---|---|---|
| 46 / 001 | 太上混元真錄 | CT 954 |
| 46 / 002 | 混元聖紀 | CT 770 |
| 46 / 003 | 太上老君年譜要略 | CT 771 |
| 46 / 004 | 太上混元老子史略 | CT 773 |
| 46 / 005 | 太上老君金書內序 | CT 772 |
| 46 / 006 | 玄元十子圖 | CT 163 |
| 46 / 007 | 漢武帝內傳 | CT 292 |
| 46 / 008 | 漢武帝外傳 | CT 293 |
| 46 / 009 | 太極葛仙公傳 | CT 450 |
| 46 / 010 | 紫陽真人內傳 | CT 303 |
| 46 / 011 | 侍帝晨東華上佐司命楊君傳記 | CT 1428 |
| 46 / 012 | 上清侍帝晨桐柏真人真圖讚 | CT 612 |
| 46 / 013 | 華陽陶隱居內傳 | CT 300 |
| 46 / 014 | 華陽陶隱居集 | CT 1050 |
| 46 / 015 | 桓真人昇仙記 | CT 301 |
| 46 / 016 | 周氏冥通記 | CT 302 |
| 46 / 017 | 洞玄靈寶三師記 | CT 444 |
| 46 / 018 | 唐葉真人傳 | CT 779 |
| 46 / 019 | 葉淨能詩 | 敦煌抄本 |
| 46 / 020 | 三茅真君加封事典 | CT 172 |
| 46 / 021 | 章獻明肅皇后受上清畢法籙記 | CT 777 |
| 46 / 022 | 皇明恩命世錄 | CT 1462 |
| 46 / 023 | 漢天師世家 | CT 1463 |
| 46 / 024 | 翊聖保德傳 | CT 1285 |
| 46 / 025 | 地祇上將溫太保傳 | CT 780 |
| 46 / 026 | 孝道吳許二真君傳 | CT 449 |
| 46 / 027 | 西山許真君八十五化錄 | CT 448 |
| 46 / 028 | 許真君仙傳 | CT 447 |

| | | |
|---|---|---|
| 46 / 029 | 許太史真君圖傳 | CT 440 |
| 46 / 030 | 純陽帝君神化妙通紀 | CT 305 |
| 46 / 031 | 呂祖志 | CT 1484 |
| 46 / 032 | 凝陽董真人遇仙記 | CT 308 |
| 46 / 033 | 雲阜山申仙翁傳 | CT 451 |
| 46 / 034 | 廬山太平興國宮採訪真君事實 | CT 1286 |
| 46 / 035 | 華蓋山浮丘王郭三真君事實 | CT 778 |
| 46 / 036 | 南嶽九真人傳 | CT 452 |
| 46 / 037 | 南嶽小錄 | CT 453 |

## Vol. 47

| | | |
|---|---|---|
| 47 / 001 | 長春真人西遊記 | CT 1429 |
| 47 / 002 | 玄風慶會錄 | CT 176 |
| 47 / 003 | 金蓮正宗記 | CT 173 |
| 47 / 004 | 金蓮正宗仙源像傳 | CT 174 |
| 47 / 005 | 七真年譜 | CT 175 |
| 47 / 006 | 終南山祖庭仙真內傳 | CT 955 |
| 47 / 007 | 體玄真人顯異錄 | CT 594 |
| 47 / 008 | 甘水仙源錄 | CT 973 |
| 47 / 009 | 歷世真仙體道通鑑 | CT 296 |
| 47 / 010 | 歷世真仙體道通鑑續編 | CT 297 |
| 47 / 011 | 歷世真仙體道通鑑後集 | CT 298 |

# 仙境名山

## Sacred Places

## Vol. 48

| | | |
|---|---|---|
| 48 / 001 | 山海經 | CT 1031 |
| 48 / 002 | 十洲記 | CT 598 |
| 48 / 003 | 洞天福地嶽瀆名山記 | CT 599 |

| | | |
|---|---|---|
| 48 / 004 | 洞淵集 | CT 1062–1063 |
| 48 / 005 | 三才定位圖 | CT 155 |
| 48 / 006 | 大滌洞天記 | CT 782 |
| 48 / 007 | 梅仙觀記 | CT 600 |
| 48 / 008 | 龍瑞觀禹穴陽明洞天圖經 | CT 604 |
| 48 / 009 | 四明洞天丹山圖詠集 | CT 605 |
| 48 / 010 | 金華赤松山志 | CT 601 |
| 48 / 011 | 仙都志 | CT 602 |
| 48 / 012 | 西嶽華山誌 | CT 307 |
| 48 / 013 | 太華希夷志 | CT 306 |
| 48 / 014 | 岱史 | CT 1472 |
| 48 / 015 | 茅山志 | CT 304 |
| 48 / 016 | 南嶽總勝集 | CT 606 |
| 48 / 017 | 天台山志 | CT 603 |
| 48 / 018 | 天壇王屋山聖跡記 | CT 969 |
| 48 / 019 | 唐王屋山中巖臺正一先生廟碣 | CT 970 |
| 48 / 020 | 武當福地總真集 | CT 962 |
| 48 / 021 | 武當紀勝集 | CT 963 |
| 48 / 022 | 龍角山記 | CT 968 |
| 48 / 023 | 終南山說經臺歷代真仙碑記 | CT 956 |
| 48 / 024 | 古樓觀紫雲衍慶集 | CT 957 |
| 48 / 025 | 唐嵩高山啟母廟碑銘 | CT 971 |
| 48 / 026 | 西川青羊宮碑銘 | CT 964 |
| 48 / 027 | 宋東太乙宮碑銘 | CT 965 |
| 48 / 028 | 宋西太乙宮碑銘 | CT 966 |
| 48 / 029 | 宋中太乙宮碑銘 | CT 967 |
| 48 / 030 | 宮觀碑誌 | CT 972 |

# Part 2

# Editions

## Zhengtong Daozang

| | | |
|---|---|---|
| CT 1 | 靈寶無量度人上品妙經 | 34 / 002 |
| CT 2 | 元始無量度人上品妙經直音 | 34 / 003 |
| CT 3 | 元始說先天道德經注解 | 11 / 002 |
| CT 4 | 無上內祕真藏經 | 05 / 022 |
| CT 5 | 太上無極總真文昌大洞仙經 | 06 / 093 |
| CT 6 | 上清大洞真經 | 01 / 001 |
| CT 7 | 大洞玉經 | 01 / 003 |
| CT 8 | 太上三十六部尊經 | 05 / 020 |
| CT 9 | 太上一乘海空智藏經 | 05 / 019 |
| CT 10 | 高上玉皇本行集經 | 06 / 088 |
| CT 11 | 高上玉皇本行集經 | 06 / 089 |
| CT 12 | 高上玉皇本行經髓 | 06 / 090 |
| CT 13 | 高上玉皇心印經 | 06 / 091 |
| CT 14 | 高上玉皇胎息經 | 23 / 029 |
| CT 15 | 無上九霄玉清大梵紫微玄都雷霆玉經 | 31 / 009 |
| CT 16 | 九天應元雷聲普化天尊玉樞寶經 | 31 / 010 |
| CT 17 | 太上說朝天謝雷真經 | 31 / 014 |
| CT 18 | 太上虛皇天尊四十九章經 | 05 / 021 |
| CT 19 | 太上昇玄消災護命妙經 | 06 / 019 |
| CT 20 | 三光注齡資福延壽妙經 | 06 / 068 |
| CT 21 | 太上長生延壽集福德經 | 06 / 067 |
| CT 22 | 元始五老赤書玉篇真文天書經 | 03 / 001 |
| CT 23 | 太上諸天靈書度命妙經 | 03 / 039 (°) |
| CT 24 | 元始天尊說生天得道經 | 06 / 023 |
| CT 25 | 元始天尊說得道了身經 | 06 / 025 |
| CT 26 | 太上九天延祥滌厄四聖妙經 | 06 / 064 |
| CT 27 | 元始天尊說北方真武妙經 | 30 / 036 |
| CT 28 | 元始天尊說梓潼帝君應驗經 | 06 / 096 |
| CT 29 | 元始天尊說梓潼帝君本願經 | 06 / 097 |
| CT 30 | 元始八威龍文經 | 06 / 122 |
| CT 31 | 黃帝陰符經 | 15 / 013 |

| | | |
|---|---|---|
| CT 32 | 混元陽符經 | 19 / 011 |
| CT 33 | 上清黃氣陽精三道順行經 | 01 / 028 |
| CT 34 | 太上開明天地本真經 | 19 / 082 |
| CT 35 | 太上玄都妙本清靜身心經 | 06 / 012 |
| CT 36 | 太上太玄女青三元品誡拔罪妙經 | 03 / 045 (°) |
| CT 37 | 元始天尊說變化空洞妙經 | 04 / 006 |
| CT 38 | 太上昇玄三一融神變化妙經 | 05 / 011 |
| CT 39 | 太上導引三光九變妙經 | 04 / 002 (*) |
| CT 40 | 太上導引三光寶真妙經 | 04 / 002 (*) |
| CT 41 | 太上修真體元妙道經 | 19 / 081 |
| CT 42 | 玉清元始玄黃九光真經 | 06 / 118 |
| CT 43 | 元始天尊說十一曜大消災神咒經 | 06 / 054 |
| CT 44 | 太上洞真五星祕授經 | 06 / 053 |
| CT 45 | 玉清無上靈寶自然北斗本生真經 | 06 / 117 |
| CT 46 | 太乙元真保命長生經 | 23 / 019 |
| CT 47 | 太上元始天尊證果真經 | 06 / 059 |
| CT 48 | 太上元始天尊說續命妙經 | 06 / 060 |
| CT 49 | 洞真太極北帝紫微神咒妙經 | 30 / 015 |
| CT 50 | 太上說六甲直符保胎護命妙經 | 06 / 055 |
| CT 51 | 太上元始天尊說大雨龍王經 | 06 / 066 |
| CT 52 | 太上護國祈雨消魔經 | 06 / 065 |
| CT 53 | 太上洞淵北帝天蓬護命消災神咒妙經 | 30 / 005 |
| CT 54 | 太上洞淵辭瘟神咒妙經 | 30 / 006 |
| CT 55 | 高上太霄琅書瓊文帝章經 | 01 / 066 |
| CT 56 | 太上玉珮金璫太極金書上經 | 01 / 059 |
| CT 57 | 上方天尊說真元通仙道經 | 30 / 051 |
| CT 58 | 無上大乘要訣妙經 | 05 / 025 |
| CT 59 | 元始洞真決疑經 | 05 / 017 |
| CT 60 | 元始天尊說玄微妙經 | 02 / 016 |
| CT 61 | 太上洞真賢門經 | 04 / 035 |
| CT 62 | 元始天王歡樂經 | 06 / 052 |
| CT 63 | 玉清胎元內養真經 | 06 / 119 |
| CT 64 | 玉清無上內景真經 | 06 / 120 |

| | | |
|---|---|---|
| CT 65 | 太上真一報父母恩重經 | 06 / 036 |
| CT 66 | 元始洞真慈善孝子報恩成道經 | 31 / 021 |
| CT 67 | 太上元始天尊說消殄蟲蝗經 | 04 / 064 |
| CT 68 | 太上安鎮九壘龍神妙經 | 04 / 065 |
| CT 69 | 太上洞真安竈經 | 04 / 062 |
| CT 70 | 太上元始天尊說金光明經 | 06 / 056 |
| CT 71 | 元始天尊說三官寶號經 | 06 / 079 |
| CT 72 | 元始天尊濟度血湖真經 | 06 / 061 |
| CT 73 | 元始天尊說酆都滅罪經 | 06 / 062 |
| CT 74 | 太上說九幽拔罪心印妙經 | 06 / 051 |
| CT 75 | 元始天尊說甘露昇天神咒妙經 | 06 / 057 |
| CT 76 | 元始說功德法食往生經 | 06 / 058 |
| CT 77 | 太上玉華洞章拔亡度世昇仙妙經 | 06 / 078 |
| CT 78 | 太上三洞神咒 | 32 / 064 |
| CT 79 | 三洞神符記 | 05 / 030 |
| CT 80 | 雲篆度人妙經 | 03 / 027 |
| CT 81 | 洞真太微黃書天帝君石景金陽素經 | 02 / 052 |
| CT 82 | 上清洞真元經五籍符 | 01 / 040 |
| CT 83 | 白羽黑翮靈飛玉符 | 01 / 055 |
| CT 84 | 上清瓊宮靈飛六甲左右上符 | 01 / 057 |
| CT 85 | 太上洞真經洞章符 | 32 / 053 |
| CT 86 | 太上祕法鎮宅靈符 | 32 / 051 |
| CT 87 | 元始無量度人上品妙經四注 | 03 / 030 |
| CT 88 | 元始無量度人上品妙經注 | 03 / 034 |
| CT 89 | 元始無量度人上品妙經通義 | 03 / 038 |
| CT 90 | 元始無量度人上品妙經內義 | 03 / 035 |
| CT 91 | 太上洞玄靈寶無量度人上品妙經注 | 03 / 036 |
| CT 92 | 元始無量度人上品妙經注解 | 03 / 037 |
| CT 93 | 太上洞玄靈寶無量度人上品經法 | 03 / 032 |
| CT 94 | 洞玄靈寶度人經大梵隱語疏義 | 03 / 028 |
| CT 95 | 洞玄靈寶無量度人經訣音義 | 03 / 029 |
| CT 96 | 真藏經要訣 | 05 / 023 |
| CT 97 | 太上靈寶諸天內音自然玉字 | 03 / 015 (°) |

| | | |
|---|---|---|
| CT 98 | 諸天靈書度命妙經義疏 | 03 / 040 |
| CT 99 | 九天應元雷聲普化天尊玉樞寶經集注 | 31 / 011 |
| CT 100 | 太上昇玄說消災護命妙經注 | 06 / 022 |
| CT 101 | 太上昇玄消災護命妙經注 | 06 / 021 |
| CT 102 | 元始天尊說太古經注 | 06 / 026 |
| CT 103 | 玉清無極總真文昌大洞仙經 | 06 / 094 (°) |
| CT 104 | 上清大洞真經玉訣音義 | 01 / 002 |
| CT 105 | 太上大通經注 | 06 / 018 |
| CT 106 | 太上赤文洞古經注 | 06 / 027 |
| CT 107 | 無上赤文洞古真經注 | 06 / 028 |
| CT 108 | 黃帝陰符經集注 | 15 / 014 |
| CT 109 | 黃帝陰符經講義 | 15 / 024 |
| CT 110 | 黃帝陰符經疏 | 15 / 023 |
| CT 111 | 黃帝陰符經集解 | 15 / 026 |
| CT 112 | 黃帝陰符經注 | 15 / 015 |
| CT 113 | 黃帝陰符經解 | 15 / 020 |
| CT 114 | 黃帝陰符經注解 | 15 / 021 |
| CT 115 | 黃帝陰符經注 | 15 / 016 |
| CT 116 | 黃帝陰符經注 | 15 / 017 |
| CT 117 | 黃帝陰符經注 | 15 / 018 |
| CT 118 | 黃帝陰符經解義 | 15 / 019 |
| CT 119 | 陰符經三皇玉訣 | 15 / 027 |
| CT 120 | 黃帝陰符經心法 | 15 / 028 |
| CT 121 | 黃帝陰符經注 | 15 / 030 |
| CT 122 | 黃帝陰符經注 | 15 / 029 |
| CT 123 | 黃帝陰符經注 | 15 / 031 |
| CT 124 | 黃帝陰符經注解 | 15 / 025 |
| CT 125 | 黃帝陰符經注 | 15 / 032 |
| CT 126 | 黃帝陰符經夾頌解注 | 15 / 033 |
| CT 127 | 黃帝陰符經集解 | 15 / 022 |
| CT 128 | 太上求仙定錄尺素真訣玉文 | 02 / 092 |
| CT 129 | 太霄琅書瓊文帝章訣 | 01 / 068 |
| CT 130 | 胎息經注 | 23 / 030 |

| | | |
|---|---|---|
| CT 131 | 胎息祕要歌訣 | 23 / 031 |
| CT 132 | 太清真人絡命訣 | 02 / 038 |
| CT 133 | 太上洞房內經注 | 02 / 013 |
| CT 134 | 陰真君還丹歌注 | 19 / 028 |
| CT 135 | 崔公入藥鏡注解 | 27 / 040 |
| CT 136 | 呂純陽真人沁園春丹詞注解 | 19 / 027 |
| CT 137 | 青天歌注釋 | 27 / 039 |
| CT 138 | 學仙辨真訣 | 19 / 029 |
| CT 139 | 太上洞真凝神修行經訣 | 19 / 025 |
| CT 140 | 上清握中訣 | 02 / 024 |
| CT 141 | 紫陽真人悟真篇注疏 | 19 / 058 |
| CT 142 | 紫陽真人悟真篇三注 | 19 / 062 |
| CT 143 | 紫陽真人悟真直指詳說三乘祕要 | 19 / 059 |
| CT 144 | 紫陽真人悟真篇拾遺 | 19 / 060 |
| CT 145 | 悟真篇注釋 | 19 / 061 |
| CT 146 | 紫陽真人悟真篇講義 | 19 / 063 |
| CT 147 | 靈寶無量度人上品妙經符圖 | 03 / 033 |
| CT 148 | 無量度人上品妙經旁通圖 | 03 / 031 (°) |
| CT 149 | 修真太極混元圖 | 19 / 093 |
| CT 150 | 修真太極混元指玄圖 | 19 / 094 |
| CT 151 | 金液還丹印證圖 | 19 / 092 |
| CT 152 | 修真歷驗鈔圖 | 18 / 093 |
| CT 153 | 龍虎手鑑圖 | 19 / 095 |
| CT 154 | 上清太玄九陽圖 | 27 / 011 |
| CT 155 | 三才定位圖 | 48 / 005 |
| CT 156 | 上清洞真九宮紫房圖 | 02 / 042 |
| CT 157 | 周易圖 | 16 / 016 |
| CT 158 | 大易象數鉤深圖 | 16 / 017 |
| CT 159 | 易數鉤隱圖 | 16 / 014 |
| CT 160 | 易數鉤隱圖遺論九事 | 16 / 015 |
| CT 161 | 易象圖說內篇 | 17 / 001 |
| CT 162 | 易象圖說外篇 | 17 / 002 |
| CT 163 | 玄元十子圖 | 46 / 006 |

| | | |
|---|---|---|
| CT 164 | 上清三尊譜錄 | 02 / 087 |
| CT 165 | 靈寶自然九天生神三寶大有金書 | 03 / 010 |
| CT 166 | 元始上真眾仙記 | 02 / 086 |
| CT 167 | 洞玄靈寶真靈位業圖 | 02 / 093 |
| CT 168 | 元始高上玉檢大錄 | 02 / 081 (°) |
| CT 169 | 清河內傳 | 06 / 099 |
| CT 170 | 梓潼帝君化書 | 06 / 098 |
| CT 171 | 清微仙譜 | 31 / 001 |
| CT 172 | 三茅真君加封事典 | 46 / 020 |
| CT 173 | 金蓮正宗記 | 47 / 003 |
| CT 174 | 金蓮正宗仙源像傳 | 47 / 004 |
| CT 175 | 七真年譜 | 47 / 005 |
| CT 176 | 玄風慶會錄 | 47 / 002 |
| CT 177 | 太上洞真智慧上品大誡 | 03 / 018 (°) |
| CT 178 | 三洞眾戒文 | 42 / 016 |
| CT 179 | 太微靈書紫文仙忌真記上經 | 01 / 031 |
| CT 180 | 虛皇天尊初真十戒文 | 42 / 028 |
| CT 181 | 太上九真妙戒金籙度命拔罪妙經 | 06 / 050 |
| CT 182 | 太上十二上品飛天法輪勸戒妙經 | 04 / 028 |
| CT 183 | 太極真人說二十四門戒經 | 04 / 027 |
| CT 184 | 太真玉帝四極明科經 | 02 / 097 |
| CT 185 | 赤松子中誡經 | 42 / 031 |
| CT 186 | 太微仙君功過格 | 42 / 034 |
| CT 187 | 太清五十八願文 | 04 / 044 |
| CT 188 | 玄都律文 | 08 / 067 |
| CT 189 | 太上靈寶朝天謝罪大懺 | 44 / 022 |
| CT 190 | 太上玉清謝罪登真寶懺 | 44 / 019 |
| CT 191 | 太上上清禳災延壽寶懺 | 44 / 020 |
| CT 192 | 太上泰清拔罪昇天寶懺 | 44 / 021 |
| CT 193 | 玉皇宥罪錫福寶懺 | 44 / 034 |
| CT 194 | 高上玉皇滿願寶懺 | 44 / 035 |
| CT 195 | 九天應元雷聲普化天尊玉樞寶懺 | 31 / 012 |
| CT 196 | 雷霆玉樞宥罪法懺 | 31 / 013 |

| | | |
|---|---|---|
| CT 197 | 玉皇十七慈光燈儀 | 44 / 001 |
| CT 198 | 上清十一大曜燈儀 | 44 / 002 |
| CT 199 | 南斗延壽燈儀 | 44 / 003 |
| CT 200 | 北斗七元星燈儀 | 44 / 004 |
| CT 201 | 北斗本命延壽燈儀 | 44 / 005 |
| CT 202 | 三官燈儀 | 44 / 006 |
| CT 203 | 玄帝燈儀 | 44 / 007 |
| CT 204 | 九天三茅司命仙燈儀 | 44 / 008 |
| CT 205 | 萬靈燈儀 | 44 / 009 |
| CT 206 | 五顯靈觀大帝燈儀 | 44 / 010 |
| CT 207 | 土司燈儀 | 44 / 011 |
| CT 208 | 東廚司命燈儀 | 44 / 012 |
| CT 209 | 正一瘟司辟毒神燈儀 | 44 / 013 |
| CT 210 | 離明瑞象燈儀 | 44 / 014 |
| CT 211 | 黃籙九陽梵氣燈儀 | 44 / 015 |
| CT 212 | 黃籙九巵燈儀 | 44 / 016 |
| CT 213 | 黃籙破獄燈儀 | 44 / 017 |
| CT 214 | 黃籙五苦輪燈儀 | 44 / 018 |
| CT 215 | 地府十王拔度儀 | 44 / 054 |
| CT 216 | 上清天寶齋初夜儀 | 44 / 047 |
| CT 217 | 太乙火府奏告祈禳儀 | 32 / 065 |
| CT 218 | 清微玄樞奏告儀 | 31 / 006 |
| CT 219 | 靈寶無量度人上經大法 | 35 / 001 |
| CT 220 | 無上玄元三天玉堂大法 | 30 / 033 |
| CT 221 | 無上三天玉堂正宗高奔內景玉書 | 30 / 034 |
| CT 222 | 清微神烈祕法 | 31 / 004 |
| CT 223 | 清微元降大法 | 31 / 005 |
| CT 224 | 清微齋法 | 31 / 003 |
| CT 225 | 太上九要心印妙經 | 19 / 001 |
| CT 226 | 紫元君授道傳心法 | 19 / 021 |
| CT 227 | 真龍虎九仙經 | 19 / 014 |
| CT 228 | 龍虎中丹訣 | 19 / 039 |
| CT 229 | 九還七返龍虎金丹析理真訣 | 19 / 043 |

| | | |
|---|---|---|
| CT 230 | 諸真論還丹訣 | 19 / 040 |
| CT 231 | 真一金丹訣 | 19 / 053 |
| CT 232 | 還丹祕訣養赤子神方 | 19 / 084 |
| CT 233 | 還丹眾仙論 | 18 / 083 |
| CT 234 | 修丹妙用至理論 | 18 / 084 |
| CT 235 | 丹經極論 | 19 / 090 |
| CT 236 | 金晶論 | 19 / 038 |
| CT 237 | 還丹顯妙通幽集 | 19 / 042 |
| CT 238 | 元陽子金液集 | 18 / 072 |
| CT 239 | 還丹金液歌注 | 18 / 074 |
| CT 240 | 玉清金笥青華祕文金寶內鍊丹訣 | 19 / 065 |
| CT 241 | 碧虛子親傳直指 | 19 / 073 |
| CT 242 | 紙舟先生全真直指 | 27 / 022 |
| CT 243 | 陳虛白規中指南 | 27 / 033 |
| CT 244 | 大丹直指 | 26 / 036 |
| CT 245 | 玉谿子丹經指要 | 19 / 078 |
| CT 246 | 西山群仙會真記 | 19 / 020 |
| CT 247 | 會真集 | 27 / 018 |
| CT 248 | 啟真集 | 27 / 019 |
| CT 249 | 中和集 | 27 / 014 |
| CT 250 | 三天易髓 | 27 / 017 |
| CT 251 | 全真集玄祕要 | 27 / 016 |
| CT 252 | 谷神篇 | 19 / 097 |
| CT 253 | 金闕帝君三元真一經 | 02 / 014 |
| CT 254 | 大洞金華玉經 | 01 / 005 |
| CT 255 | 太微靈書紫文琅玕華丹神真上經 | 01 / 032 |
| CT 256 | 玉景九天金霄威神王祝太元上經 | 01 / 051 |
| CT 257 | 洞真太微黃書九天八籙真文 | 02 / 053 |
| CT 258 | 太玄八景籙 | 02 / 082 |
| CT 259 | 陶真人內丹賦 | 18 / 075 |
| CT 260 | 擒玄賦 | 19 / 055 |
| CT 261 | 金丹賦 | 18 / 076 |
| CT 262 | 谷神賦 | 19 / 054 |

| | | |
|---|---|---|
| CT 263 | 修真十書 | 19 / 099 |
| | 修真十書 (j. 58) | 23 / 004 |
| CT 264 | 真氣還元銘 | 23 / 022 |
| CT 265 | 還丹歌訣 | 18 / 073 |
| CT 266 | 金液還丹百問訣 | 18 / 079 |
| CT 267 | 上乘修真三要 | 27 / 005 |
| CT 268 | 乾元子三始論 | 26 / 010 |
| CT 269 | 至真子龍虎大丹詩 | 19 / 052 |
| CT 270 | 破迷正道歌 | 19 / 024 |
| CT 271 | 太玄朗然子進道詩 | 19 / 049 |
| CT 272 | 了明篇 | 19 / 089 |
| CT 273 | 明道篇 | 31 / 018 |
| CT 274 | 真仙祕傳火候法 | 19 / 083 |
| CT 275 | 三極至命筌蹄 | 19 / 077 |
| CT 276 | 析疑指迷論 | 27 / 012 |
| CT 277 | 修真精義雜論 | 23 / 027 |
| CT 278 | 清微丹訣 | 31 / 002 |
| CT 279 | 先天金丹大道玄奧口訣 | 19 / 087 |
| CT 280 | 金液大丹口訣 | 19 / 088 |
| CT 281 | 抱一子三峰老人丹訣 | 27 / 023 |
| CT 282 | 黃帝宅經 | 32 / 014 |
| CT 283 | 黃帝龍首經 | 32 / 011 |
| CT 284 | 黃帝金匱玉衡經 | 32 / 012 |
| CT 285 | 黃帝授三子玄女經 | 32 / 013 |
| CT 286 | 太上登真三矯靈應經 | 32 / 032 |
| CT 287 | 通占大象曆星經 | 32 / 016 |
| CT 288 | 靈臺經 | 32 / 020 |
| CT 289 | 秤星靈臺祕要經 | 32 / 019 |
| CT 290 | 廣黃帝本行記 | 45 / 016 |
| CT 291 | 穆天子傳 | 45 / 017 |
| CT 292 | 漢武帝內傳 | 46 / 007 |
| CT 293 | 漢武帝外傳 | 46 / 008 |
| CT 294 | 列仙傳 | 45 / 001 |

| CT 295 | 續仙傳 | 45 / 011 |
| CT 296 | 歷世真仙體道通鑑 | 47 / 009 |
| CT 297 | 歷世真仙體道通鑑續編 | 47 / 010 |
| CT 298 | 歷世真仙體道通鑑後集 | 47 / 011 |
| CT 299 | 疑仙傳 | 45 / 012 |
| CT 300 | 華陽陶隱居內傳 | 46 / 013 |
| CT 301 | 桓真人昇仙記 | 46 / 015 |
| CT 302 | 周氏冥通記 | 46 / 016 |
| CT 303 | 紫陽真人內傳 | 46 / 010 |
| CT 304 | 茅山志 | 48 / 015 |
| CT 305 | 純陽帝君神化妙通紀 | 46 / 030 |
| CT 306 | 太華希夷志 | 48 / 013 |
| CT 307 | 西嶽華山誌 | 48 / 012 |
| CT 308 | 凝陽董真人遇仙記 | 46 / 032 |
| CT 309 | 諸師真誥 | 44 / 056 |
| CT 310 | 金籙齋三洞讚詠儀 | 43 / 010 |
| CT 311 | 黃帝陰符經頌 | 15 / 034 |
| CT 312 | 太上昇玄消災護命妙經頌 | 06 / 020 |
| CT 313 | 生天經頌解 | 06 / 024 |
| CT 314 | 三洞讚頌靈章 | 44 / 059 |
| CT 315 | 宋真宗御製玉京集 | 44 / 060 |
| CT 316 | 太上濟度章赦 | 08 / 070 |
| CT 317 | 靈寶天尊說洪恩靈濟真君妙經 | 31 / 055 |
| CT 318 | 洞玄靈寶自然九天生神章經 | 03 / 009 |
| CT 319 | 洞玄靈寶本相運度劫期經 | 05 / 003 |
| CT 320 | 洞玄靈寶丹水飛術運度小劫妙經 | 03 / 004 |
| CT 321 | 洞玄靈寶諸天世界造化經 | 04 / 018 |
| CT 322 | 太上靈寶天地運度自然妙經 | 03 / 005 (°) |
| CT 323 | 太上洞玄靈寶三元無量壽經 | 04 / 021 |
| CT 324 | 上清五常變通萬化鬱冥經 | 02 / 005 |
| CT 325 | 太上洞玄靈寶智慧定志通微經 | 03 / 023 |
| CT 326 | 太上洞玄靈寶觀妙經 | 06 / 015 |
| CT 327 | 太上洞玄靈寶天尊說大通經 | 06 / 017 |

| | | |
|---|---|---|
| CT 328 | 太上洞玄靈寶護諸童子經 | 04 / 042 |
| CT 329 | 太上洞玄靈寶開演祕密藏經 | 05 / 018 |
| CT 330 | 太上洞玄靈寶真文要解上經 | 04 / 009 |
| CT 331 | 太上黃庭內景玉經 | 23 / 001 |
| CT 332 | 太上黃庭外景玉經 | 23 / 002 |
| CT 333 | 靈寶天尊說祿庫受生經 | 04 / 041 |
| CT 334 | 太上靈寶元陽妙經 | 04 / 098 |
| CT 335 | 太上洞淵神咒經 | 30 / 001 |
| CT 336 | 太上洞玄靈寶業報因緣經 | 05 / 013 |
| CT 337 | 太上洞玄靈寶十號功德因緣妙經 | 04 / 031 |
| CT 338 | 太上洞玄靈寶宿命因緣明經 | 04 / 001 |
| CT 339 | 太上洞玄靈寶出家因緣經 | 04 / 036 |
| CT 340 | 太上洞玄靈寶轉神度命經 | 04 / 037 |
| CT 341 | 太上洞玄靈寶十師度人妙經 | 04 / 038 |
| CT 342 | 太上洞玄靈寶太玄普慈勸世經 | 04 / 040 |
| CT 343 | 太上洞玄靈寶四方大願經 | 04 / 043 |
| CT 344 | 太上洞玄靈寶智慧本願大戒上品經 | 04 / 012 |
| CT 345 | 太上洞玄靈寶誡業本行上品妙經 | 04 / 020 |
| CT 346 | 太上洞玄靈寶真一勸誡法輪妙經 | 03 / 025 (*) |
| CT 347 | 太上玄一真人說妙通轉神入定經 | 03 / 025 (*) |
| CT 348 | 太上玄一真人說勸誡法輪妙經 | 03 / 025 (*) |
| CT 349 | 太上洞玄靈寶法燭經 | 04 / 078 |
| CT 350 | 太上靈寶智慧觀身經 | 06 / 014 |
| CT 351 | 太一救苦護身妙經 | 04 / 052 |
| CT 352 | 太上洞玄靈寶赤書玉訣妙經 | 03 / 002 |
| CT 353 | 上清金匱玉鏡修真指玄妙經 | 02 / 051 |
| CT 354 | 上清三元玉檢三元布經 | 01 / 036 |
| CT 355 | 太上洞玄靈寶福日妙經 | 04 / 026 |
| CT 356 | 洞玄靈寶上師說救護身命經 | 04 / 100 |
| CT 357 | 太上靈寶天尊說禳災度厄經 | 04 / 056 |
| CT 358 | 太上神咒延壽妙經 | 06 / 069 |
| CT 359 | 太上洞玄靈寶消禳火災經 | 04 / 058 |
| CT 360 | 太上洞玄靈寶天尊說養蠶營種經 | 04 / 059 |

| | | |
|---|---|---|
| CT 361 | 太上洞玄靈寶八威召龍妙經 | 03 / 016 |
| CT 362 | 太上洞淵說請雨龍王經 | 30 / 007 |
| CT 363 | 太上召諸神龍安鎮墳墓經 | 30 / 008 |
| CT 364 | 太上靈寶補謝竈王經 | 04 / 061 |
| CT 365 | 太上說利益蠶王妙經 | 04 / 060 |
| CT 366 | 太上說牛癀妙經 | 04 / 063 |
| CT 367 | 上清洞玄明燈上經 | 02 / 070 |
| CT 368 | 太上洞玄寶元上經 | 08 / 009 |
| CT 369 | 太上洞玄靈寶滅度五鍊生尸妙經 | 03 / 041 |
| CT 370 | 太上洞玄靈寶三元玉京玄都大獻經 | 04 / 022 |
| CT 371 | 太上洞玄靈寶三塗五苦拔度生死妙經 | 04 / 045 |
| CT 372 | 太上道君說解冤拔度妙經 | 06 / 070 |
| CT 373 | 太上洞玄靈寶往生救苦妙經 | 04 / 046 |
| CT 374 | 太上洞玄靈寶救苦妙經 | 04 / 050 |
| CT 375 | 太上洞玄靈寶天尊說濟苦經 | 04 / 048 |
| CT 376 | 太上洞玄靈寶淨供妙經 | 04 / 024 |
| CT 377 | 太上靈寶洪福滅罪像名經 | 04 / 033 |
| CT 378 | 太上救苦天尊說消愆滅罪經 | 04 / 053 |
| CT 379 | 太上說酆都拔苦愈樂妙經 | 06 / 063 |
| CT 380 | 洞玄靈寶道要經 | 31 / 023 |
| CT 381 | 洞玄靈寶飛仙上品妙經 | 30 / 003 |
| CT 382 | 太上靈寶天尊說延壽妙經 | 04 / 057 |
| CT 383 | 太上七星神咒經 | 06 / 076 |
| CT 384 | 太上虛皇保生神咒經 | 06 / 075 |
| CT 385 | 太上洞玄三洞開天風雷禹步制魔神咒經 | 32 / 061 |
| CT 386 | 太上洞淵三昧帝心光明正印太極紫微伏魔制鬼拯救惡道集福吉祥神咒 | 30 / 009 |
| CT 387 | 太上三生解冤妙經 | 04 / 054 |
| CT 388 | 太上靈寶五符序 | 04 / 007 (°) |
| CT 389 | 太上洞玄靈寶素靈真符 | 32 / 044 |
| CT 390 | 太上洞玄靈寶五嶽神符 | 04 / 069 |
| CT 391 | 上清金母求仙上法 | 04 / 070 |
| CT 392 | 上清豁落七元符 | 02 / 076 |

| | | |
|---|---|---|
| CT 393 | 太上洞玄靈寶大綱鈔 | 04 / 081 |
| CT 394 | 上清太一金闕玉璽金真紀 | 32 / 054 |
| CT 395 | 太上洞玄靈寶投簡符文要訣 | 04 / 072 |
| CT 396 | 洞玄靈寶自然九天生神章經解義 | 03 / 012 |
| CT 397 | 洞玄靈寶自然九天生神玉章經解 | 03 / 011 |
| CT 398 | 洞玄靈寶自然九天生神章經注 | 03 / 013 |
| CT 399 | 太上洞玄靈寶天尊說救苦妙經注解 | 04 / 051 |
| CT 400 | 洞玄靈寶定觀經注 | 06 / 016 |
| CT 401 | 黃庭內景玉經注 | 23 / 007 |
| CT 402 | 黃庭內景玉經注 | 23 / 003 |
| CT 403 | 黃庭內外玉景經解 | 23 / 006 |
| CT 404 | 上清丹元玉真帝皇飛仙上經 | 02 / 045 |
| CT 405 | 上清紫精君皇初紫靈道君洞房上經 | 02 / 010 |
| CT 406 | 上清紫微帝君南極元君玉經寶訣 | 02 / 011 |
| CT 407 | 靈寶大鍊內旨行持機要 | 19 / 015 (°) |
| CT 408 | 上清胎精記解結行事訣 | 01 / 045 |
| CT 409 | 上清華晨三奔玉訣 | 02 / 047 |
| CT 410 | 太上洞玄靈寶眾簡文 | 04 / 071 |
| CT 411 | 太上洞玄靈寶五帝醮祭招真玉訣 | 04 / 073 |
| CT 412 | 上清佩符文青券訣 | 02 / 075 (*) |
| CT 413 | 上清佩符文白券訣 | 02 / 075 (*) |
| CT 414 | 上清佩符文絳券訣 | 02 / 075 (*) |
| CT 415 | 上清佩符文黑券訣 | 02 / 075 (*) |
| CT 416 | 上清佩符文黃券訣 | 02 / 075 (*) |
| CT 417 | 太上大道三元品誡謝罪上法 | 03 / 044 (°) |
| CT 418 | 固氣還神九轉瓊丹論 | 19 / 036 |
| CT 419 | 靈寶眾真丹訣 | 18 / 008 |
| CT 420 | 神仙服餌丹石行藥法 | 18 / 014 |
| CT 421 | 登真隱訣 | 02 / 022 |
| CT 422 | 上清三真旨要玉訣 | 02 / 023 |
| CT 423 | 上清洞真解過訣 | 02 / 031 |
| CT 424 | 上清明堂元真經訣 | 02 / 030 |
| CT 425 | 上清太極隱注玉經寶訣 | 04 / 008 |

| | | |
|---|---|---|
| CT 426 | 上清太上八素真經 | 01 / 013 |
| CT 427 | 上清修行經訣 | 02 / 036 |
| CT 428 | 太上飛行九晨玉經 | 02 / 002 |
| CT 429 | 上清長生寶鑑圖 | 02 / 073 |
| CT 430 | 上清八道祕言圖 | 01 / 023 |
| CT 431 | 上清含象劍鑑圖 | 02 / 074 (°) |
| CT 432 | 黃庭內景五臟六腑補瀉圖 | 23 / 012 |
| CT 433 | 七域修真證品圖 | 02 / 094 |
| CT 434 | 玄覽人鳥山經圖 | 04 / 068 |
| CT 435 | 太上玉晨鬱儀結璘奔日月圖 | 01 / 024 |
| CT 436 | 上方大洞真元妙經品 | 30 / 052 |
| CT 437 | 上方大洞真元妙經圖 | 30 / 053 |
| CT 438 | 上方大洞真元陰陽陟降圖書後解 | 30 / 054 |
| CT 439 | 上方大洞真元圖書繼說終篇 | 30 / 055 |
| CT 440 | 許太史真君圖傳 | 46 / 029 |
| CT 441 | 洞玄靈寶五嶽古本真形圖 | 04 / 066 |
| CT 442 | 上清後聖道君列紀 | 02 / 019 |
| CT 443 | 上清高上玉真眾道綜監寶諱 | 02 / 091 |
| CT 444 | 洞玄靈寶三師記 | 46 / 017 |
| CT 445 | 洞玄靈寶三師名諱形狀居觀方所文 | 42 / 014 |
| CT 446 | 上清眾經諸真聖祕 | 02 / 090 |
| CT 447 | 許真君仙傳 | 46 / 028 |
| CT 448 | 西山許真君八十五化錄 | 46 / 027 |
| CT 449 | 孝道吳許二真君傳 | 46 / 026 |
| CT 450 | 太極葛仙公傳 | 46 / 009 |
| CT 451 | 雲阜山申仙翁傳 | 46 / 033 |
| CT 452 | 南嶽九真人傳 | 46 / 036 |
| CT 453 | 南嶽小錄 | 46 / 037 |
| CT 454 | 太上洞玄靈寶上品戒經 | 03 / 019 |
| CT 455 | 太上玄一真人說三途五苦勸戒經 | 03 / 025 (*) |
| CT 456 | 太上洞玄靈寶三元品戒功德輕重經 | 03 / 043 |
| CT 457 | 太上洞玄靈寶智慧罪根上品大戒經 | 03 / 017 |
| CT 458 | 上清眾真教戒德行經 | 02 / 028 |

| | | |
|---|---|---|
| CT 459 | 洞玄靈寶天尊說十戒經 | 42 / 029 |
| CT 460 | 太上洞玄靈寶宣戒首悔眾罪保護經 | 05 / 008 |
| CT 461 | 上清骨髓靈文鬼律 | 30 / 030 |
| CT 462 | 太上洞玄靈寶法身製論 | 42 / 006 |
| CT 463 | 要修科儀戒律鈔 | 42 / 019 |
| CT 464 | 齋戒籙 | 42 / 020 |
| CT 465 | 靈寶領教濟度金書目錄 | 39 / 001 (*) |
| CT 466 | 靈寶領教濟度金書 (j. 1–133) | 39 / 001 (*) |
| | 靈寶領教濟度金書 (j. 134–277) | 40 / 001 (*) |
| | 靈寶領教濟度金書 (j. 278–320) | 41 / 001 (*) |
| CT 467 | 大明玄教立成齋醮儀 | 44 / 063 (°) |
| CT 468 | 洪恩靈濟真君自然行道儀 | 31 / 057 |
| CT 469 | 洪恩靈濟真君集福宿啟儀 | 31 / 058 |
| CT 470 | 洪恩靈濟真君集福早朝儀 | 31 / 059 |
| CT 471 | 洪恩靈濟真君集福午朝儀 | 31 / 060 |
| CT 472 | 洪恩靈濟真君集福晚朝儀 | 31 / 061 |
| CT 473 | 洪恩靈濟真君祈謝設醮科 | 31 / 062 |
| CT 474 | 洪恩靈濟真君禮願文 | 31 / 064 |
| CT 475 | 洪恩靈濟真君七政星燈儀 | 31 / 063 |
| CT 476 | 洪恩靈濟真君事實 | 31 / 056 |
| CT 477 | 羅天大醮早朝科 | 44 / 045 (*) |
| CT 478 | 羅天大醮午朝科 | 44 / 045 (*) |
| CT 479 | 羅天大醮晚朝科 | 44 / 045 (*) |
| CT 480 | 羅天大醮設醮儀 | 44 / 046 |
| CT 481 | 玄門報孝追薦儀 | 44 / 052 |
| CT 482 | 諸師聖誕沖舉酌獻儀 | 44 / 053 |
| CT 483 | 金籙齋啟壇儀 | 43 / 002 |
| CT 484 | 金籙大齋宿啟儀 | 43 / 004 |
| CT 485 | 金籙大齋啟盟儀 | 43 / 005 |
| CT 486 | 金籙大齋補職說戒儀 | 43 / 006 |
| CT 487 | 金籙早午晚朝儀 | 43 / 007 |
| CT 488 | 金籙齋懺方儀 | 43 / 003 |
| CT 489 | 金籙解壇儀 | 43 / 008 |

| | | |
|---|---|---|
| CT 490 | 金籙設醮儀 | 43 / 011 |
| CT 491 | 金籙放生儀 | 43 / 012 (°) |
| CT 492 | 金籙祈壽早午晚朝儀 | 43 / 013 |
| CT 493 | 金籙上壽三獻儀 | 43 / 014 |
| CT 494 | 金籙延壽設醮儀 | 43 / 015 |
| CT 495 | 金籙玄靈轉經早午晚朝行道儀 | 43 / 016 (°) |
| CT 496 | 金籙十迴度人早午晚朝開收儀 | 43 / 017 |
| CT 497 | 金籙十迴度人三朝轉經儀 | 43 / 018 |
| CT 498 | 金籙齋投簡儀 | 43 / 009 |
| CT 499 | 玉籙資度宿啟儀 | 43 / 019 |
| CT 500 | 玉籙資度解壇儀 | 43 / 020 |
| CT 501 | 玉籙資度設醮儀 | 43 / 021 |
| CT 502 | 玉籙資度早午晚朝儀 | 43 / 022 |
| CT 503 | 玉籙生神資度轉經儀 | 43 / 023 |
| CT 504 | 玉籙生神資度開收儀 | 43 / 024 |
| CT 505 | 玉籙三日九朝儀 | 43 / 025 |
| CT 506 | 玉籙濟幽判斛儀 | 43 / 026 |
| CT 507 | 太上黃籙齋儀 | 43 / 027 |
| CT 508 | 無上黃籙大齋立成儀 | 43 / 028 |
| CT 509 | 黃籙救苦十齋轉經儀 | 43 / 029 |
| CT 510 | 黃籙十念儀 | 43 / 030 |
| CT 511 | 黃籙五老悼亡儀 | 43 / 031 |
| CT 512 | 黃籙齋十天尊儀 | 43 / 032 |
| CT 513 | 黃籙齋十洲三島拔度儀 | 43 / 033 |
| CT 514 | 黃籙九幽醮無礙夜齋次第儀 | 43 / 034 |
| CT 515 | 洞玄靈寶河圖仰謝三十六天齋儀 | 44 / 042 |
| CT 516 | 洞玄靈寶河圖仰謝三十六土皇齋儀 | 44 / 043 |
| CT 517 | 靈寶半景齋儀 | 43 / 042 |
| CT 518 | 神功妙濟真君禮文 | 31 / 054 |
| CT 519 | 太上靈寶玉匱明真齋懺方儀 | 43 / 035 |
| CT 520 | 太上靈寶玉匱明真大齋懺方儀 | 43 / 036 |
| CT 521 | 太上靈寶玉匱明真大齋言功儀 | 43 / 037 |
| CT 522 | 洞玄度靈寶自然券儀 | 43 / 041 |

| | | |
|---|---|---|
| CT 523 | 洞玄靈寶自然齋儀 | 43 / 040 |
| CT 524 | 洞玄靈寶齋說光燭戒罰燈祝願儀 | 04 / 077 |
| CT 525 | 太上洞淵三昧神咒齋懺謝儀 | 30 / 012 |
| CT 526 | 太上洞淵三昧神咒齋清旦行道儀 | 30 / 014 |
| CT 527 | 太上洞淵三昧神咒齋十方懺儀 | 30 / 013 |
| CT 528 | 太上洞玄靈寶授度儀 | 04 / 079 |
| CT 529 | 靈寶五經提綱 | 06 / 123 |
| CT 530 | 洞玄靈寶玉籙簡文三元威儀自然真經 | 03 / 020 |
| CT 531 | 洞玄靈寶鐘磬威儀經 | 42 / 007 |
| CT 532 | 太極真人敷靈寶齋戒威儀諸經要訣 | 04 / 011 |
| CT 533 | 太上靈寶上元天官消愆滅罪懺 | 44 / 033 (*) |
| CT 534 | 太上靈寶中元地官消愆滅罪懺 | 44 / 033 (*) |
| CT 535 | 太上靈寶下元水官消愆滅罪懺 | 44 / 033 (*) |
| CT 536 | 太上玄司滅罪紫府消災法懺 | 44 / 027 |
| CT 537 | 太上消滅地獄昇陟天堂懺 | 44 / 031 |
| CT 538 | 太一救苦天尊說拔度血湖寶懺 | 44 / 032 |
| CT 539 | 青玄救苦寶懺 | 44 / 029 |
| CT 540 | 慈尊昇度寶懺 | 44 / 030 |
| CT 541 | 東嶽大生寶懺 | 44 / 039 |
| CT 542 | 太上靈寶十方應號天尊懺 | 44 / 023 |
| CT 543 | 太上慈悲道場消災九幽懺 | 44 / 024 |
| CT 544 | 太上慈悲九幽拔罪懺 | 44 / 025 |
| CT 545 | 太上慈悲道場滅罪水懺 | 44 / 026 |
| CT 546 | 靈寶玉鑑目錄 | 35 / 002 (*) |
| CT 547 | 靈寶玉鑑 | 35 / 002 (*) |
| CT 548 | 太極祭鍊內法 | 32 / 067 |
| CT 549 | 上清天樞院回車畢道正法 | 31 / 040 |
| CT 550 | 許真君受鍊形神上清畢道法要節文 | 31 / 042 |
| CT 551 | 天樞院都司須知令 | 31 / 034 |
| CT 552 | 天樞院都司須知格 | 31 / 033 |
| CT 553 | 靈寶淨明天樞都司法院須知法文 | 31 / 036 |
| CT 554 | 靈寶淨明院教師周真公起請畫一 | 31 / 038 |
| CT 555 | 高上月宮太陰元君孝道仙王靈寶淨明黃素書 | 31 / 029 |

| | | |
|---|---|---|
| CT 556 | 靈寶淨明黃素書釋義祕訣 | 31 / 030 |
| CT 557 | 太上靈寶淨明入道品 | 31 / 025 |
| CT 558 | 靈寶淨明院真師密誥 | 31 / 039 |
| CT 559 | 太上靈寶淨明法印式 | 31 / 024, 026 |
| CT 560 | 靈寶淨明大法萬道玉章祕訣 | 31 / 043 |
| CT 561 | 太上靈寶淨明祕法篇 | 31 / 028 |
| CT 562 | 靈寶淨明新修九老神印伏魔祕法 | 31 / 041 |
| CT 563 | 太上靈寶淨明飛仙度人經法 | 31 / 031 (*) (°) |
| CT 564 | 太上靈寶淨明飛仙度人經法釋例 | 31 / 031 (*) |
| CT 565 | 太上淨明院補奏職局太玄都省須知 | 31 / 032 |
| CT 566 | 上清天心正法 | 30 / 028 |
| CT 567 | 上清北極天心正法 | 30 / 029 |
| CT 568 | 靈寶歸空訣 | 31 / 053 |
| CT 569 | 上清大洞九宮朝修祕訣上道 | 02 / 041 |
| CT 570 | 靈劍子 | 31 / 051 |
| CT 571 | 靈劍子引導子午記 | 31 / 052 |
| CT 572 | 養命機關金丹真訣 | 19 / 041 |
| CT 573 | 玄珠歌 | 19 / 022 |
| CT 574 | 玄珠心鏡注 | 23 / 050 |
| CT 575 | 玄珠心鏡注 | 23 / 049 |
| CT 576 | 抱一函三祕訣 | 27 / 024 |
| CT 577 | 存神固氣論 | 19 / 091 |
| CT 578 | 攝生纂錄 | 23 / 064 |
| CT 579 | 養生祕錄 | 19 / 079 |
| CT 580 | 玄圃山靈 {亻+金} 祕籙 | 32 / 039 |
| CT 581 | 靈寶六丁祕法 | 32 / 038 |
| CT 582 | 魁罡六鎖祕法 | 32 / 040 |
| CT 583 | 太上三辟五解祕法 | 32 / 041 |
| CT 584 | 上清六甲祈禱祕法 | 32 / 037 |
| CT 585 | 貫斗忠孝五雷武侯祕法 | 32 / 068 |
| CT 586 | 黃帝太乙八門入式訣 | 32 / 033 |
| CT 587 | 黃帝太一八門入式祕訣 | 32 / 034 |
| CT 588 | 黃帝太一八門逆順生死訣 | 32 / 035 |

| | | |
|---|---|---|
| CT 589 | 太上赤文洞神三籙 | 32 / 036 |
| CT 590 | 道教靈驗記 | 45 / 004 |
| CT 591 | 錄異記 | 45 / 005 |
| CT 592 | 神仙感遇傳 | 45 / 006 |
| CT 593 | 歷代崇道記 | 45 / 003 |
| CT 594 | 體玄真人顯異錄 | 47 / 007 |
| CT 595 | 江淮異人錄 | 45 / 008 |
| CT 596 | 仙苑編珠 | 45 / 009 |
| CT 597 | 道跡靈仙記 | 02 / 085 |
| CT 598 | 十洲記 | 48 / 002 |
| CT 599 | 洞天福地嶽瀆名山記 | 48 / 003 |
| CT 600 | 梅仙觀記 | 48 / 007 |
| CT 601 | 金華赤松山志 | 48 / 010 |
| CT 602 | 仙都志 | 48 / 011 |
| CT 603 | 天台山志 | 48 / 017 |
| CT 604 | 龍瑞觀禹穴陽明洞天圖經 | 48 / 008 |
| CT 605 | 四明洞天丹山圖詠集 | 48 / 009 |
| CT 606 | 南嶽總勝集 | 48 / 016 |
| CT 607 | 玉音法事 | 44 / 061 |
| CT 608 | 上清諸真章頌 | 02 / 061 |
| CT 609 | 太上洞玄靈寶智慧禮讚 | 04 / 084 |
| CT 610 | 靈寶九幽長夜起尸度亡玄章 | 04 / 082 |
| CT 611 | 洞玄靈寶六甲玉女上宮歌章 | 04 / 083 |
| CT 612 | 上清侍帝晨桐柏真人真圖讚 | 46 / 012 |
| CT 613 | 眾仙讚頌靈章 | 02 / 068 |
| CT 614 | 洞玄靈寶昇玄步虛章序疏 | 03 / 008 |
| CT 615 | 赤松子章曆 | 08 / 068 |
| CT 616 | 廣成集 | 44 / 057 |
| CT 617 | 太上宣慈助化章 | 08 / 069 |
| CT 618 | 靈寶淨明院行遣式 | 31 / 037 |
| CT 619 | 天樞院都司須知行遣式 | 31 / 035 |
| CT 620 | 太上老君說常清靜妙經 | 06 / 001 |
| CT 621 | 太上玄靈斗姆大聖元君本命延生心經 | 06 / 115 |

| | | |
|---|---|---|
| CT 622 | 太上玄靈北斗本命延生真經 | 06 / 102 |
| CT 623 | 太上玄靈北斗本命長生妙經 | 06 / 103 |
| CT 624 | 太上說南斗六司延壽度人妙經 | 06 / 104 |
| CT 625 | 太上說東斗主筭護命妙經 | 06 / 105 |
| CT 626 | 太上說西斗記名護身妙經 | 06 / 106 |
| CT 627 | 太上說中斗大魁保命妙經 | 06 / 107 |
| CT 628 | 太上說中斗大魁掌筭伏魔神咒經 | 06 / 108 |
| CT 629 | 太上北斗二十八章經 | 06 / 112 |
| CT 630 | 太上老君說救生真經 | 06 / 045 |
| CT 631 | 太上老君說消災經 | 06 / 040 |
| CT 632 | 太上太清天童護命妙經 | 06 / 047 |
| CT 633 | 太上泰清皇老帝君運雷天童隱梵仙經 | 06 / 049 |
| CT 634 | 太上老君說安宅八陽經 | 06 / 042 |
| CT 635 | 太上老君說補謝八陽經 | 06 / 043 |
| CT 636 | 太上說十鍊生神救護經 | 06 / 046 (°) |
| CT 637 | 太上飛步五星經 | 02 / 003 |
| CT 638 | 太上飛步南斗太微玉經 | 02 / 048 |
| CT 639 | 皇天上清金闕帝君靈書紫文上經 | 01 / 030 |
| CT 640 | 洞神八帝妙精經 | 04 / 087 |
| CT 641 | 太上老君內觀經 | 06 / 010 |
| CT 642 | 太上老君說了心經 | 06 / 011 |
| CT 643 | 太上老君內丹經 | 19 / 002 |
| CT 644 | 太上內丹守一真定經 | 06 / 121 |
| CT 645 | 太上老君內日用妙經 | 19 / 003 |
| CT 646 | 太上老君外日用妙經 | 19 / 004 |
| CT 647 | 太上說轉輪五道宿命因緣經 | 06 / 033 |
| CT 648 | 太上化道度世仙經 | 19 / 009 |
| CT 649 | 太上老君說天妃救苦靈驗經 | 06 / 083 |
| CT 650 | 太上老君說長生益筭妙經 | 06 / 038 |
| CT 651 | 太上洞神三元妙本福壽真經 | 06 / 074 |
| CT 652 | 太上老君說解釋咒詛經 | 06 / 041 |
| CT 653 | 太上老君說五斗金章受生經 | 06 / 101 |
| CT 654 | 太上洞神天公消魔護國經 | 06 / 072 |

| | | |
|---|---|---|
| CT 655 | 太上說紫微神兵護國消魔經 | 30 / 035 |
| CT 656 | 太上日月混元經 | 18 / 081 |
| CT 657 | 太上洞神五星諸宿日月混常經 | 06 / 073 |
| CT 658 | 太上妙始經 | 08 / 008 |
| CT 659 | 太上浩元經 | 23 / 013 |
| CT 660 | 混元八景真經 | 19 / 010 |
| CT 661 | 老子像名經 | 06 / 032 |
| CT 662 | 太上老君說報父母恩重經 | 06 / 035 |
| CT 663 | 玄天上帝說報父母恩重經 | 30 / 044 |
| CT 664 | 道德真經 | 09 / 004 |
| CT 665 | 道德經古本篇 | 09 / 005 |
| CT 666 | 西昇經 | 08 / 015 (°) |
| CT 667 | 無上妙道文始真經 | 08 / 002 |
| CT 668 | 沖虛至德真經 | 15 / 001 |
| CT 669 | 洞靈真經 | 15 / 011 |
| CT 670 | 南華真經 | 13 / 001 |
| CT 671 | 太上無極大道自然真一五稱符上經 | 03 / 014 |
| CT 672 | 太上老君說益筭神符妙經 | 06 / 037 |
| CT 673 | 太上老君混元三部符 | 32 / 052 |
| CT 674 | 無上三元鎮宅靈籙 | 02 / 088 |
| CT 675 | 上清丹天三氣玉皇六辰飛綱司命大籙 | 02 / 049 |
| CT 676 | 大明太祖高皇帝御注道德真經 | 12 / 012 |
| CT 677 | 唐玄宗御注道德真經 | 09 / 017 |
| CT 678 | 唐玄宗御製道德真經疏 | 09 / 018 |
| CT 679 | 唐玄宗御製道德真經疏 | 09 / 024 (°) |
| CT 680 | 宋徽宗御解道德真經 | 10 / 013 |
| CT 681 | 宋徽宗道德真經解義 | 10 / 014 |
| CT 682 | 道德真經注 | 09 / 007 |
| CT 683 | 道德真經解 | 10 / 012 |
| CT 684 | 道德真經四子古道集解 | 12 / 002 |
| CT 685 | 道德真經傳 | 09 / 021 |
| CT 686 | 道德真經傳 | 10 / 005 |
| CT 687 | 道德真經三解 | 12 / 011 |

| | | |
|---|---|---|
| CT 688 | 道德真經直解 | 11 / 004 |
| CT 689 | 道德真經論 | 10 / 006 |
| CT 690 | 道德真經注 | 09 / 011 |
| CT 691 | 道德真經注 | 10 / 007 |
| CT 692 | 道德真經新注 | 09 / 020 |
| CT 693 | 道德真經指歸 | 09 / 006 |
| CT 694 | 道德真經疏義 | 11 / 001 |
| CT 695 | 道德真經集解 | 12 / 004 |
| CT 696 | 道德真經全解 | 11 / 014 |
| CT 697 | 道德真經次解 | 09 / 019 |
| CT 698 | 道德真經章句訓頌 | 12 / 007 |
| CT 699 | 道德會元 | 12 / 008 |
| CT 700 | 道德真經解 | 12 / 001 |
| CT 701 | 道德真經口義 | 11 / 005 |
| CT 702 | 道德玄經原旨 | 11 / 012 |
| CT 703 | 玄經原旨發揮 | 11 / 013 |
| CT 704 | 道德真經注 | 12 / 010 |
| CT 705 | 道德真經集解 | 11 / 006 |
| CT 706 | 道德真經集注 | 10 / 011 |
| CT 707 | 道德真經集注 | 11 / 007 |
| CT 708 | 道德真經集注釋文 | 11 / 008 |
| CT 709 | 道德真經集注雜說 | 11 / 009 |
| CT 710 | 道德真經注疏 | 10 / 002 |
| CT 711 | 道德真經玄德纂疏 | 10 / 001 |
| CT 712 | 道德真經集義 | 12 / 013 |
| CT 713 | 道德經論兵要義述 | 09 / 022 |
| CT 714 | 道德真經藏室纂微篇 | 10 / 008 |
| CT 715 | 道德真經藏室纂微開題科文疏 | 10 / 009 |
| CT 716 | 道德真經藏室纂微手鈔 | 10 / 010 |
| CT 717 | 道德真經衍義手鈔 | 12 / 003 |
| CT 718 | 道德真經取善集 | 11 / 011 |
| CT 719 | 道德真經疏義 | 09 / 016 |
| CT 720 | 道德真經注 | 12 / 009 |

| | | |
|---|---|---|
| CT 721 | 道德真經義解 | 11 / 003 |
| CT 722 | 道德真經注 | 09 / 015 |
| CT 723 | 道德真經集義大旨 | 12 / 005 |
| CT 724 | 道德真經集義 | 12 / 006 |
| CT 725 | 道德真經廣聖義 | 09 / 023 |
| CT 726 | 西昇經集注 | 08 / 016 |
| CT 727 | 文始真經注 | 08 / 003 |
| CT 728 | 文始真經言外旨 | 08 / 004 |
| CT 729 | 沖虛至德真經鬳齋口義 | 15 / 005 |
| CT 730 | 沖虛至德真經解 | 15 / 004 |
| CT 731 | 沖虛至德真經義解 | 15 / 003 |
| CT 732 | 沖虛至德真經四解 | 15 / 006 |
| CT 733 | 列子沖虛至德真經釋文 | 15 / 002 (°) |
| CT 734 | 南華真經義海纂微 | 14 / 001 |
| CT 735 | 南華真經口義 | 13 / 010 |
| CT 736 | 南華真經章句音義 | 13 / 003 |
| CT 737 | 南華真經章句餘事 | 13 / 004 |
| CT 738 | 南華真經餘事雜錄 | 13 / 005 |
| CT 739 | 南華真經直音 | 13 / 008 |
| CT 740 | 南華邈 | 13 / 009 |
| CT 741 | 莊子內篇訂正 | 14 / 002 |
| CT 742 | 南華真經循本 | 14 / 003 |
| CT 743 | 南華真經新傳 | 13 / 006 |
| CT 744 | 南華真經拾遺 | 13 / 007 |
| CT 745 | 南華真經注疏 | 13 / 002 |
| CT 746 | 通玄真經 | 15 / 008 (°) |
| CT 747 | 洞靈真經 | 15 / 012 (°) |
| CT 748 | 通玄真經續義 | 15 / 010 |
| CT 749 | 通玄真經 | 15 / 009 (°) |
| CT 750 | 太上玄靈北斗本命延生真經注 | 06 / 110 |
| CT 751 | 太上玄靈北斗本命延生真經注解 | 06 / 111 |
| CT 752 | 太上玄靈北斗本命延生經注 | 06 / 109 |
| CT 753 | 北斗七元金玄羽章 | 06 / 113 |

| | | |
|---|---|---|
| CT 754 | 太上說玄天大聖真武本傳神咒妙經 | 30 / 038 (°) |
| CT 755 | 太上老君說常清靜經注 | 06 / 006 |
| CT 756 | 太上老君說常清靜經注 | 06 / 003 |
| CT 757 | 太上老君說常清靜經注 | 06 / 007 |
| CT 758 | 太上老君說常清靜經注 | 06 / 004 |
| CT 759 | 太上老君說常清靜經注 | 06 / 002 |
| CT 760 | 太上老君說常清靜妙經纂圖解注 | 06 / 008 |
| CT 761 | 太上老君元道真經注解 | 23 / 017 |
| CT 762 | 太上太清天童護命妙經注 | 06 / 048 |
| CT 763 | 老子說五廚經注 | 23 / 023 |
| CT 764 | 太上三元飛星冠禁金書玉籙圖 | 32 / 060 |
| CT 765 | 上清金闕帝君五斗三一圖訣 | 02 / 015 |
| CT 766 | 四氣攝生圖 | 23 / 065 |
| CT 767 | 太上通靈八史聖文真形圖 | 32 / 046 |
| CT 768 | 圖經衍義本草 | 21 / 001 (*) |
| CT 769 | 圖經衍義本草 | 21 / 001 (*) |
| CT 770 | 混元聖紀 | 46 / 002 |
| CT 771 | 太上老君年譜要略 | 46 / 003 |
| CT 772 | 太上老君金書內序 | 46 / 005 |
| CT 773 | 太上混元老子史略 | 46 / 004 |
| CT 774 | 猶龍傳 | 45 / 018 |
| CT 775 | 太上說玄天大聖真武本傳神咒妙經 | 30 / 037 |
| CT 776 | 真武靈應真君增上佑聖尊號冊文 | 30 / 040 |
| CT 777 | 章獻明肅皇后受上清畢法籙記 | 46 / 021 |
| CT 778 | 華蓋山浮丘王郭三真君事實 | 46 / 035 |
| CT 779 | 唐葉真人傳 | 46 / 018 |
| CT 780 | 地祇上將溫太保傳 | 46 / 025 |
| CT 781 | 玄品錄 | 45 / 013 |
| CT 782 | 大滌洞天記 | 48 / 006 |
| CT 783 | 墉城集仙錄 | 45 / 007 |
| CT 784 | 太上老君戒經 | 08 / 061 |
| CT 785 | 老君音誦誡經 | 08 / 060 |
| CT 786 | 太上老君經律 | 08 / 062 |

| | | |
|---|---|---|
| CT 787 | 太上經戒 | 08 / 063 |
| CT 788 | 三洞法服科戒文 | 42 / 017 |
| CT 789 | 正一法文天師教戒科經 | 08 / 021 |
| CT 790 | 女青鬼律 | 08 / 066 |
| CT 791 | 正一威儀經 | 42 / 010 |
| CT 792 | 玄門十事威儀 | 42 / 008 |
| CT 793 | 太清道德顯化儀 | 44 / 051 |
| CT 794 | 正一解厄醮儀 | 08 / 046 |
| CT 795 | 正一出官章儀 | 08 / 042 |
| CT 796 | 太上三五正一盟威閱籙醮儀 | 08 / 037 |
| CT 797 | 太上正一閱籙儀 | 08 / 038 |
| CT 798 | 正一指教齋儀 | 08 / 043 |
| CT 799 | 正一指教齋清旦行道儀 | 08 / 044 |
| CT 800 | 正一敕壇儀 | 08 / 045 |
| CT 801 | 正一醮宅儀 | 08 / 047 |
| CT 802 | 正一醮墓儀 | 08 / 048 |
| CT 803 | 太上洞神三皇儀 | 04 / 090 |
| CT 804 | 洞神三皇七十二君齋方懺儀 | 04 / 094 |
| CT 805 | 太上洞神太元河圖三元仰謝儀 | 04 / 095 |
| CT 806 | 太上金書玉諜寶章儀 | 08 / 041 (°) |
| CT 807 | 天心正法修真道場設醮儀 | 30 / 031 |
| CT 808 | 太上三洞傳授道德經紫虛籙拜表儀 | 08 / 019 |
| CT 809 | 太上三五傍救醮五帝斷瘟儀 | 44 / 049 |
| CT 810 | 太上消災祈福醮儀 | 44 / 050 |
| CT 811 | 太上金櫃玉鏡延生洞玄燭幽懺 | 44 / 048 |
| CT 812 | 太上瑤臺益算寶籍延年懺 | 44 / 028 |
| CT 813 | 太上正一朝天三八謝罪法懺 | 44 / 040 |
| CT 814 | 真武靈應護世消災滅罪寶懺 | 44 / 037 |
| CT 815 | 北極真武普慈度世法懺 | 44 / 038 |
| CT 816 | 北極真武佑聖真君禮文 | 30 / 041 |
| CT 817 | 太清中黃真經 | 23 / 015 |
| CT 818 | 太清導引養生經 | 23 / 039 |
| CT 819 | 太上養生胎息氣經 | 23 / 041 |

| | | |
|---|---|---|
| CT 820 | 太清調氣經 | 23 / 036 |
| CT 821 | 太上老君養生訣 | 23 / 040 |
| CT 822 | 太清服氣口訣 | 23 / 037 |
| CT 823 | 莊周氣訣解 | 23 / 042 |
| CT 824 | 嵩山太無先生氣經 | 23 / 033 |
| CT 825 | 延陵先生集新舊服氣經 | 23 / 035 |
| CT 826 | 諸真聖胎神用訣 | 23 / 051 |
| CT 827 | 胎息抱一歌 | 23 / 043 |
| CT 828 | 幻真先生服內元氣訣 | 23 / 032 |
| CT 829 | 胎息精微論 | 23 / 024 |
| CT 830 | 服氣精義論 | 23 / 026 |
| CT 831 | 氣法要妙至訣 | 23 / 044 |
| CT 832 | 上清司命茅真君修行指迷訣 | 23 / 045 |
| CT 833 | 神氣養形論 | 23 / 025 |
| CT 834 | 存神鍊氣銘 | 23 / 021 (°) |
| CT 835 | 保生銘 | 23 / 062 |
| CT 836 | 神仙食氣金櫃妙錄 | 23 / 046 (°) |
| CT 837 | 枕中記 | 23 / 061 |
| CT 838 | 養性延命錄 | 23 / 057 |
| CT 839 | 三洞樞機雜說 | 32 / 056 |
| CT 840 | 彭祖攝生養性論 | 23 / 059 |
| CT 841 | 孫真人攝養論 | 23 / 060 |
| CT 842 | 抱朴子養生論 | 23 / 058 |
| CT 843 | 養生詠玄集 | 23 / 066 |
| CT 844 | 神仙服食靈草菖蒲丸方傳 | 18 / 021 |
| CT 845 | 上清經真丹祕訣 | 18 / 007 |
| CT 846 | 太清經斷穀法 | 18 / 004 |
| CT 847 | 太上肘後玉經方 | 18 / 022 |
| CT 848 | 混俗頤生錄 | 23 / 069 |
| CT 849 | 保生要錄 | 23 / 067 |
| CT 850 | 修真祕錄 | 23 / 068 |
| CT 851 | 三元延壽參贊書 | 23 / 071 |
| CT 852 | 太上保真養生論 | 23 / 070 |

| | | |
|---|---|---|
| CT 853 | 養生辯疑訣 | 23 / 055 (°) |
| CT 854 | 太上三皇寶齋神仙上錄經 | 04 / 093 |
| CT 855 | 太清金闕玉華仙書八極神章三皇內祕文 | 04 / 086 |
| CT 856 | 三皇內文遺祕 | 04 / 085 |
| CT 857 | 祕藏通玄變化六陰洞微遁甲真經 | 32 / 029 |
| CT 858 | 太上洞神玄妙白猿真經 | 32 / 031 |
| CT 859 | 太上通玄靈印經 | 32 / 047 |
| CT 860 | 上清鎮元榮靈經 | 32 / 043 |
| CT 861 | 太上六壬明鑑符陰經 | 32 / 030 |
| CT 862 | 顯道經 | 23 / 028 |
| CT 863 | 神仙鍊丹點鑄三元寶照法 | 18 / 036 |
| CT 864 | 元陽子五假論 | 32 / 045 |
| CT 865 | 太清元極至妙神珠玉顆經 | 19 / 005 |
| CT 866 | 天老神光經 | 32 / 059 |
| CT 867 | 鬼谷子天髓靈文 | 32 / 042 |
| CT 868 | 先天玄妙玉女太上聖母資傳仙道 | 18 / 086 |
| CT 869 | 思印氣訣法 | 32 / 048 |
| CT 870 | 北斗治法武威經 | 32 / 058 |
| CT 871 | 太上除三尸九蟲保生經 | 32 / 050 |
| CT 872 | 太上老君玄妙枕中內德神咒經 | 06 / 044 |
| CT 873 | 黃庭遁甲緣身經 | 23 / 010 |
| CT 874 | 紫庭內祕訣修行法 | 02 / 034 |
| CT 875 | 太上老君大存思圖注訣 | 08 / 017 |
| CT 876 | 太上五星七元空常訣 | 02 / 004 |
| CT 877 | 上玄高真延壽赤書 | 23 / 063 |
| CT 878 | 紫團丹經 | 19 / 080 |
| CT 879 | 上清金書玉字上經 | 02 / 009 |
| CT 880 | 太清金液神丹經 | 18 / 001 |
| CT 881 | 太清石壁記 | 18 / 005 |
| CT 882 | 太清金液神氣經 | 18 / 002 |
| CT 883 | 太清經天師口訣 | 18 / 003 |
| CT 884 | 太清修丹祕訣 | 18 / 070 |
| CT 885 | 黃帝九鼎神丹經訣 | 18 / 011 |

| | | |
|---|---|---|
| CT 886 | 九轉靈砂大丹資聖玄經 | 18 / 045 |
| CT 887 | 張真人金石靈砂論 | 18 / 046 |
| CT 888 | 魏伯陽七返丹砂訣 | 18 / 037 |
| CT 889 | 太極真人九轉還丹經要訣 | 18 / 009 |
| CT 890 | 大洞鍊真寶經修伏靈砂妙訣 | 18 / 038 (*) |
| CT 891 | 大洞鍊真寶經九還金丹妙訣 | 18 / 038 (*) |
| CT 892 | 太上衛靈神化九轉丹砂法 | 18 / 039 |
| CT 893 | 九轉靈砂大丹 | 18 / 040 |
| CT 894 | 九轉青金靈砂丹 | 18 / 041 |
| CT 895 | 陰陽九轉成紫金點化還丹訣 | 18 / 042 |
| CT 896 | 玉洞大神丹砂真要訣 | 18 / 043 |
| CT 897 | 靈砂大丹祕訣 | 18 / 044 |
| CT 898 | 碧玉朱砂寒林玉樹匱 | 18 / 055 |
| CT 899 | 大丹記 | 18 / 059 |
| CT 900 | 丹房須知 | 18 / 053 |
| CT 901 | 石藥爾雅 | 18 / 032 |
| CT 902 | 稚川真人校證術 | 18 / 091 |
| CT 903 | 純陽呂真人藥石製 | 18 / 026 |
| CT 904 | 金碧五相類參同契 | 16 / 002 |
| CT 905 | 參同契五相類祕要 | 18 / 029 |
| CT 906 | 陰真君金石五相類 | 18 / 030 |
| CT 907 | 金石簿五九數訣 | 18 / 031 |
| CT 908 | 上清九真中經內訣 | 18 / 006 |
| CT 909 | 龍虎還丹訣 | 18 / 062 |
| CT 910 | 金華玉液大丹 | 18 / 056 |
| CT 911 | 感氣十六轉金丹 | 18 / 048 |
| CT 912 | 修鍊大丹要旨 | 18 / 061 |
| CT 913 | 通幽訣 | 18 / 066 |
| CT 914 | 金華沖碧丹經祕旨 | 18 / 057 |
| CT 915 | 還丹肘後訣 | 18 / 069 |
| CT 916 | 蓬萊山西竈還丹歌 | 18 / 023 |
| CT 917 | 抱朴子神仙金汋經 | 18 / 013 |
| CT 918 | 諸家神品丹法 | 18 / 049 |

| | | |
|---|---|---|
| CT 919 | 鉛汞甲庚至寶集成 | 18 / 050 |
| CT 920 | 丹房奧論 | 18 / 051 |
| CT 921 | 指歸集 | 18 / 052 |
| CT 922 | 還金述 | 18 / 077 |
| CT 923 | 大丹鉛汞論 | 18 / 060 |
| CT 924 | 真元妙道要略 | 18 / 092 |
| CT 925 | 丹方鑑源 | 18 / 033 |
| CT 926 | 大還丹照鑑 | 19 / 019 |
| CT 927 | 太清玉碑子 | 18 / 087 |
| CT 928 | 懸解錄 | 18 / 019 |
| CT 929 | 軒轅黃帝水經藥法 | 18 / 027 |
| CT 930 | 三十六水法 | 18 / 028 |
| CT 931 | 巨勝歌 | 19 / 023 |
| CT 932 | 白雲仙人靈草歌 | 18 / 024 |
| CT 933 | 種芝草法 | 18 / 025 |
| CT 934 | 太白經 | 18 / 071 |
| CT 935 | 丹論訣旨心鑑 | 19 / 031 |
| CT 936 | 大還心鑑 | 19 / 032 |
| CT 937 | 大還丹金虎白龍論 | 19 / 018 |
| CT 938 | 太丹篇（大丹篇） | 18 / 078 |
| CT 939 | 大丹問答 | 18 / 088 |
| CT 940 | 金木萬靈論 | 18 / 089 |
| CT 941 | 紅鉛入黑鉛訣 | 18 / 067 |
| CT 942 | 通玄祕術 | 18 / 016 |
| CT 943 | 靈飛散傳信錄 | 18 / 017 |
| CT 944 | 鴈門公妙解錄 | 18 / 020 (°) |
| CT 945 | 玄霜掌上錄 | 18 / 018` |
| CT 946 | 太極真人雜丹藥方 | 18 / 010 |
| CT 947 | 玉清內書 | 18 / 068 |
| CT 948 | 神仙養生祕術 | 18 / 015 |
| CT 949 | 太古土兌經 | 18 / 047 |
| CT 950 | 上洞心丹經訣 | 18 / 085 |
| CT 951 | 許真君石函記 | 19 / 085 |

| | | |
|---|---|---|
| CT 952 | 九轉流珠神仙九丹經 | 18 / 012 |
| CT 953 | 庚道集 | 18 / 058 |
| CT 954 | 太上混元真錄 | 46 / 001 |
| CT 955 | 終南山祖庭仙真內傳 | 47 / 006 |
| CT 956 | 終南山說經臺歷代真仙碑記 | 48 / 023 |
| CT 957 | 古樓觀紫雲衍慶集 | 48 / 024 |
| CT 958 | 玄天上帝啟聖錄 | 30 / 045 |
| CT 959 | 大明玄天上帝瑞應圖錄 | 30 / 047 |
| CT 960 | 御製真武廟碑 | 30 / 048 |
| CT 961 | 玄天上帝啟聖靈異錄 | 30 / 046 |
| CT 962 | 武當福地總真集 | 48 / 020 |
| CT 963 | 武當紀勝集 | 48 / 021 |
| CT 964 | 西川青羊宮碑銘 | 48 / 026 |
| CT 965 | 宋東太乙宮碑銘 | 48 / 027 |
| CT 966 | 宋西太乙宮碑銘 | 48 / 028 |
| CT 967 | 宋中太乙宮碑銘 | 48 / 029 |
| CT 968 | 龍角山記 | 48 / 022 |
| CT 969 | 天壇王屋山聖跡記 | 48 / 018 |
| CT 970 | 唐王屋山中巖臺正一先生廟碣 | 48 / 019 |
| CT 971 | 唐嵩高山啟母廟碑銘 | 48 / 025 |
| CT 972 | 宮觀碑誌 | 48 / 030 |
| CT 973 | 甘水仙源錄 | 47 / 008 |
| CT 974 | 太上老君說常清靜經頌注 | 06 / 005 |
| CT 975 | 北斗七元金玄羽章 | 06 / 114 |
| CT 976 | 太上洞神五星讚 | 32 / 017 |
| CT 977 | 道德篇章玄頌 | 10 / 003 (°) |
| CT 978 | 道德真經頌 | 10 / 004 |
| CT 979 | 明真破妄章頌 | 26 / 017 |
| CT 980 | 諸真歌頌 | 02 / 067 |
| CT 981 | 大明御製玄教樂章 | 44 / 062 |
| CT 982 | 太上三洞表文 | 44 / 058 |
| CT 983 | 萃善錄 | 08 / 071 |
| CT 984 | 玄精碧匣靈寶聚玄經 | 32 / 022 |

| | | |
|---|---|---|
| CT 985 | 太上洞玄靈寶三一五氣真經 | 23 / 014 |
| CT 986 | 太上清靜元洞真文玉字妙經 | 06 / 034 |
| CT 987 | 太上洞玄靈寶天關經 | 04 / 019 |
| CT 988 | 上清無英真童合遊內變玉經 | 02 / 018 |
| CT 989 | 上清神寶洞房真諱上經 | 02 / 017 |
| CT 990 | 洞玄靈寶九真人五復三歸行道觀門經 | 04 / 023 |
| CT 991 | 太上長文大洞靈寶幽玄上品妙經 | 19 / 006 |
| CT 992 | 太上長文大洞靈寶幽玄上品妙經發揮 | 19 / 007 |
| CT 993 | 上清祕道九精回曜合神上真玉經 | 02 / 046 |
| CT 994 | 上清太淵神龍瓊胎乘景上玄玉章 | 32 / 057 |
| CT 995 | 淵源道妙洞真繼篇 | 30 / 056 |
| CT 996 | 古文龍虎經注疏 | 19 / 016 |
| CT 997 | 古文龍虎上經注 | 19 / 017 (*) |
| CT 998 | 讀龍虎經 | 19 / 017 (*) |
| CT 999 | 周易參同契 | 16 / 001 |
| CT 1000 | 周易參同契注 | 16 / 006 |
| CT 1001 | 周易參同契 | 16 / 010 (°) |
| CT 1002 | 周易參同契分章通真義 | 16 / 004 |
| CT 1003 | 周易參同契鼎器歌明鏡圖 | 16 / 005 |
| CT 1004 | 周易參同契注 | 16 / 003 |
| CT 1005 | 周易參同契發揮 | 16 / 011 |
| CT 1006 | 周易參同契釋疑 | 16 / 012 |
| CT 1007 | 周易參同契解 | 16 / 008 |
| CT 1008 | 周易參同契 | 16 / 007 |
| CT 1009 | 易外別傳 | 16 / 018 |
| CT 1010 | 玄牝之門賦 | 19 / 056 |
| CT 1011 | 易筮通變 | 16 / 019 |
| CT 1012 | 空山先生易圖通變 | 16 / 020 (*) |
| CT 1013 | 河圖 | 16 / 020 (*) |
| CT 1014 | 易圖通變 | 16 / 020 (*) |
| CT 1015 | 金鎖流珠引 | 33 / 001 (°) |
| CT 1016 | 真誥 | 02 / 021 |
| CT 1017 | 道樞 | 23 / 054 |

| | | |
|---|---|---|
| CT 1018 | 黃帝內經素問補注釋文 | 20 / 001 |
| CT 1019 | 黃帝內經靈樞略 | 20 / 004 |
| CT 1020 | 黃帝素問靈樞集注 | 20 / 003 |
| CT 1021 | 黃帝內經素問遺篇 | 20 / 002 |
| CT 1022 | 素問入式運氣論奧 | 20 / 006 |
| CT 1023 | 素問六氣玄珠密語 | 20 / 005 |
| CT 1024 | 黃帝八十一難經纂圖句解 | 20 / 007 |
| CT 1025 | 鬼谷子 | 24 / 013 |
| CT 1026 | 天隱子 | 26 / 004 |
| CT 1027 | 素履子 | 25 / 004 |
| CT 1028 | 無能子 | 25 / 005 |
| CT 1029 | 玄真子外篇 | 26 / 011 |
| CT 1030 | 劉子 | 25 / 003 |
| CT 1031 | 山海經 | 48 / 001 |
| CT 1032 | 雲笈七籤 | 29 / 001 |
|  | 雲笈七籤 j. 12 | 23 / 005 |
| CT 1033 | 至言總 | 23 / 047 |
| CT 1034 | 太玄寶典 | 23 / 048 |
| CT 1035 | 道體論 | 26 / 002 |
| CT 1036 | 坐忘論 | 26 / 003 |
| CT 1037 | 大道論 | 26 / 009 |
| CT 1038 | 心目論 | 26 / 007 |
| CT 1039 | 三論元旨 | 26 / 008 |
| CT 1040 | 皇極經世 | 17 / 005 |
| CT 1041 | 靈棋本章正經 | 32 / 001 |
| CT 1042 | 伊川擊壤集 | 25 / 008 |
| CT 1043 | 太上修真玄章 | 19 / 098 |
| CT 1044 | 化書 | 26 / 012 |
| CT 1045 | 海客論 | 18 / 080 |
| CT 1046 | 悟玄篇 | 19 / 096 |
| CT 1047 | 太虛心淵篇 | 26 / 014 |
| CT 1048 | 玄珠錄 | 26 / 001 |
| CT 1049 | 雲宮法語 | 27 / 013 |

| | | |
|---|---|---|
| CT 1050 | 華陽陶隱居集 | 46 / 014 |
| CT 1051 | 宗玄先生文集 | 26 / 005 |
| CT 1052 | 宗玄先生玄綱論 | 26 / 006 (*) |
| CT 1053 | 吳尊師傳 | 26 / 006 (*) |
| CT 1054 | 南統大君內丹九章經 | 23 / 018 |
| CT 1055 | 純陽真人渾成集 | 26 / 020 |
| CT 1056 | 晉真人語錄 | 26 / 039 |
| CT 1057 | 丹陽真人語錄 | 26 / 027 |
| CT 1058 | 無為清靜長生真人至真語錄 | 26 / 033 |
| CT 1059 | 盤山棲雲王真人語錄 | 26 / 043 |
| CT 1060 | 清庵瑩蟾子語錄 | 27 / 015 |
| CT 1061 | 上清太玄集 | 27 / 009 |
| CT 1062 | 進洞天海嶽表 | 48 / 004 (*) |
| CT 1063 | 洞淵集 | 48 / 004 (*) |
| CT 1064 | 洞淵集 | 27 / 008 |
| CT 1065 | 玄教大公案 | 27 / 026 |
| CT 1066 | 玄宗直指萬法同歸 | 27 / 027 |
| CT 1067 | 上陽子金丹大要 | 27 / 028 |
| CT 1068 | 上陽子金丹大要圖 | 27 / 029 |
| CT 1069 | 上陽子金丹大要列仙誌 | 27 / 030 |
| CT 1070 | 上陽子金丹大要仙派 | 27 / 031 |
| CT 1071 | 原陽子法語 | 27 / 043 |
| CT 1072 | 金丹直指 | 19 / 075 |
| CT 1073 | 道禪集 | 27 / 006 |
| CT 1074 | 還真集 | 27 / 037 |
| CT 1075 | 道玄篇 | 27 / 038 |
| CT 1076 | 隨機應化錄 | 27 / 041 |
| CT 1077 | 修鍊須知 | 27 / 032 (°) |
| CT 1078 | 玉室經 | 19 / 044 |
| CT 1079 | 真人高象先金丹歌 | 19 / 050 |
| CT 1080 | 金丹真一論 | 18 / 082 |
| CT 1081 | 金丹四百字 | 19 / 064 |
| CT 1082 | 龍虎還丹訣頌 | 18 / 063 |

| | | |
|---|---|---|
| CT 1083 | 龍虎元旨 | 18 / 064 |
| CT 1084 | 龍虎還丹訣 | 18 / 065 |
| CT 1085 | 內丹祕訣 | 19 / 047 |
| CT 1086 | 漁莊邂逅錄 | 18 / 054 |
| CT 1087 | 金丹正宗 | 19 / 086 |
| CT 1088 | 還丹復命篇 | 19 / 067 |
| CT 1089 | 爰清子至命篇 | 19 / 076 |
| CT 1090 | 翠虛篇 | 19 / 068 |
| CT 1091 | 還源篇 | 19 / 066 |
| CT 1092 | 還丹至藥篇 | 19 / 045 |
| CT 1093 | 亶甲集 | 19 / 057 |
| CT 1094 | 金液大丹詩 | 19 / 034 |
| CT 1095 | 證道歌 | 19 / 051 |
| CT 1096 | 陳先生內丹訣 | 19 / 030 |
| CT 1097 | 洞元子內丹訣 | 19 / 048 |
| CT 1098 | 內丹還元訣 | 19 / 033 |
| CT 1099 | 長生指要篇 | 19 / 074 |
| CT 1100 | 鳴鶴餘音 | 27 / 034 |
| CT 1101 | 太平經 | 07 / 003 |
| | 太平經複文序 | 07 / 002 |
| | 太平經鈔 | 07 / 004 |
| CT 1102 | 太平經聖君祕旨 | 07 / 005 |
| CT 1103 | 太上靈寶淨明洞神上品經 | 31 / 027 |
| CT 1104 | 太上靈寶淨明玉真樞真經 | 31 / 044 |
| CT 1105 | 太上靈寶淨明道元正印經 | 31 / 045 |
| CT 1106 | 太上靈寶淨明天尊說禦瘟經 | 31 / 046 |
| CT 1107 | 太上靈寶首入淨明四規明鑑經 | 31 / 048 |
| CT 1108 | 太上靈寶淨明九仙水經 | 31 / 047 |
| CT 1109 | 太上靈寶淨明中黃八柱經 | 31 / 049 |
| CT 1110 | 淨明忠孝全書 | 31 / 050 |
| CT 1111 | 太玄真一本際妙經 | 05 / 014 |
| CT 1112 | 洞玄靈寶八仙王教誡經 | 31 / 022 |
| CT 1113 | 太上洞玄靈寶國王行道經 | 04 / 039 |

| | | |
|---|---|---|
| CT 1114 | 太上洞玄靈寶本行宿緣經 | 04 / 013 (°) |
| CT 1115 | 太上洞玄靈寶本行因緣經 | 04 / 015 |
| CT 1116 | 洞玄靈寶太上真人問疾經 | 04 / 030 |
| CT 1117 | 太極左仙公說神符經 | 18 / 090 |
| CT 1118 | 太上洞玄靈寶飛行三界通微內思妙經 | 04 / 004 |
| CT 1119 | 洞玄靈寶玄一真人說生死輪轉因緣經 | 05 / 012 |
| CT 1120 | 太上洞玄靈寶中和經 | 05 / 010 |
| CT 1121 | 太上洞玄靈寶三十二天天尊應號經 | 04 / 032 |
| CT 1122 | 太上靈寶昇玄內教經中和品述議疏 | 05 / 009 (°) |
| CT 1123 | 一切道經音義妙門由起 | 05 / 034 |
| CT 1124 | 洞玄靈寶玄門大義 | 05 / 029 |
| CT 1125 | 洞玄靈寶三洞奉道科戒營始 | 42 / 001 |
| CT 1126 | 洞玄靈寶道學科儀 | 42 / 003 |
| CT 1127 | 陸先生道門科略 | 08 / 058 |
| CT 1128 | 道門經法相承次序 | 05 / 032 |
| CT 1129 | 道教義樞 | 05 / 031 |
| CT 1130 | 道典論 | 28 / 004 |
| CT 1131 | 太上妙法本相經 | 05 / 001 |
| CT 1132 | 上清道類事相 | 28 / 006 |
| CT 1133 | 上方靈寶無極至道開化真經 | 30 / 049 |
| CT 1134 | 上方鈞天演範真經 | 30 / 050 |
| CT 1135 | 太平兩同書 | 25 / 006 |
| CT 1136 | 洞玄靈寶左玄論 | 05 / 026 |
| CT 1137 | 上清太玄鑑誡論 | 27 / 010 |
| CT 1138 | 無上祕要 | 28 / 001 |
| CT 1139 | 三洞珠囊 | 28 / 007 |
| CT 1140 | 雲山集 | 27 / 001 |
| CT 1141 | 仙樂集 | 26 / 034 |
| CT 1142 | 漸悟集 | 26 / 031 |
| CT 1143 | 草堂集 | 26 / 040 |
| CT 1144 | 自然集 | 27 / 020 |
| CT 1145 | 玄虛子鳴真集 | 27 / 025 |
| CT 1146 | 葆光集 | 26 / 042 |

| | | |
|---|---|---|
| CT 1147 | 西雲集 | 27 / 021 |
| CT 1148 | 勿齋先生文集 | 25 / 009 |
| CT 1149 | 洞玄金玉集 | 26 / 029 |
| CT 1150 | 丹陽神光燦 | 26 / 030 |
| CT 1151 | 悟真集 | 27 / 007 |
| CT 1152 | 雲光集 | 26 / 037 |
| CT 1153 | 重陽全真集 | 26 / 022 |
| CT 1154 | 重陽教化集 | 26 / 023 |
| CT 1155 | 重陽分梨十化集 | 26 / 024 |
| CT 1156 | 重陽真人金關玉鎖訣 | 26 / 026 |
| CT 1157 | 馬自然金丹口訣 | 19 / 046 |
| CT 1158 | 重陽真人授丹陽二十四訣 | 26 / 025 |
| CT 1159 | 磻溪集 | 26 / 035 |
| CT 1160 | 水雲集 | 26 / 032 |
| CT 1161 | 太古集 | 26 / 038 |
| CT 1162 | 孫真人備急千金要方目錄 | 22 / 001 (*) |
| CT 1163 | 孫真人備急千金要方 | 22 / 001 (*) |
| CT 1164 | 急救仙方 | 22 / 002 |
| CT 1165 | 仙傳外科祕方 | 22 / 003 (°) |
| CT 1166 | 法海遺珠 | 41 / 002 |
| CT 1167 | 太上感應篇 | 42 / 033 |
| CT 1168 | 太上老君中經 | 08 / 014 |
| CT 1169 | 太上老君清靜心經 | 06 / 009 |
| CT 1170 | 太上老君說上七滅罪集福妙經 | 06 / 039 |
| CT 1171 | 鬻子 | 24 / 007 |
| CT 1172 | 公孫龍子 | 24 / 004 |
| CT 1173 | 尹文子 | 24 / 005 |
| CT 1174 | 子華子 | 24 / 008 |
| CT 1175 | 鶡冠子 | 24 / 009 |
| CT 1176 | 墨子 | 24 / 001 |
| CT 1177 | 韓非子 | 24 / 006 |
| CT 1178 | 黃石公素書 | 24 / 010 |
| CT 1179 | 黃石公素書 | 24 / 011 |

| | | |
|---|---|---|
| CT 1180 | 孫子注解 | 24 / 002 |
| CT 1181 | 孫子遺說 | 24 / 003 |
| CT 1182 | 天原發微 | 16 / 021 |
| CT 1183 | 集注太玄經 | 17 / 006 |
| CT 1184 | 淮南鴻烈解 | 24 / 012 |
| CT 1185 | 抱朴子內篇 | 25 / 001 |
| CT 1186 | 抱朴子別旨 | 23 / 020 |
| CT 1187 | 抱朴子外篇 | 25 / 002 |
| CT 1188 | 槁簹子 | 19 / 012 |
| CT 1189 | 陰丹內篇 | 19 / 013 |
| CT 1190 | 天機經 | 15 / 035 (°) |
| CT 1191 | 祕傳正陽真人靈寶畢法 | 19 / 026 |
| CT 1192 | 大惠靜慈妙樂天尊說福德五聖經 | 06 / 087 |
| CT 1193 | 太上正一咒鬼經 | 08 / 054 |
| CT 1194 | 太上洞玄靈寶天尊說羅天大醮上品妙經 | 44 / 044 |
| CT 1195 | 老君變化無極經 | 08 / 011 |
| CT 1196 | 太上金華天尊救劫護命妙經 | 06 / 077 |
| CT 1197 | 無上三天法師說廕育眾生妙經 | 08 / 052 (°) |
| CT 1198 | 太上說青玄雷令法行因地妙經 | 32 / 063 |
| CT 1199 | 上清太霄隱書元真洞飛二景經 | 01 / 060 |
| CT 1200 | 洞玄靈寶太上六齋十直聖紀經 | 04 / 025 |
| CT 1201 | 道要靈祇神鬼品經 | 28 / 005 |
| CT 1202 | 洞神八帝元變經 | 04 / 088 |
| CT 1203 | 太上三天正法經 | 01 / 026 |
| CT 1204 | 太上正一法文經 | 08 / 020 |
| CT 1205 | 三天內解經 | 08 / 055 |
| CT 1206 | 上清明鑑要經 | 02 / 071 |
| CT 1207 | 太上明鑑真經 | 02 / 072 |
| CT 1208 | 太上三五正一盟威籙 | 08 / 029 |
| CT 1209 | 太上正一盟威法籙 | 08 / 030 |
| CT 1210 | 正一法文十籙召儀 | 08 / 025 |
| CT 1211 | 正一法文傳都功版儀 | 08 / 026 |
| CT 1212 | 醮三洞真文五法正一盟威籙立成儀 | 42 / 015 |

| | | | |
|---|---|---|---|
| CT 1213 | 太上玄天真武無上將軍籙 | 30 / 039 | |
| CT 1214 | 高上大洞文昌司祿紫陽寶籙 | 06 / 100 | |
| CT 1215 | 太上北極伏魔神咒殺鬼籙 | 30 / 017 | |
| CT 1216 | 太上正一延生保命籙 | 08 / 032 | |
| CT 1217 | 太上正一解五音咒詛祕籙 | 08 / 033 | |
| CT 1218 | 正一法文經章官品 | 08 / 022 | |
| CT 1219 | 高上神霄玉清真王紫書大法 | 31 / 008 | |
| CT 1220 | 道法會元 (j. 1–94) | 36 / 001 | |
| | 道法會元 (j. 95–174) | 37 / 001 | |
| | 道法會元 (j. 175–268) | 38 / 001 | |
| CT 1221 | 上清靈寶大法 | 33 / 002 | |
| CT 1222 | 上清靈寶大法目錄 | 34 / 001 (*) | |
| CT 1223 | 上清靈寶大法 | 34 / 001 (*) | |
| CT 1224 | 道門定制 | 42 / 026 | |
| CT 1225 | 道門科範大全集 | 42 / 024 | |
| CT 1226 | 道門通教必用集 | 42 / 025 | |
| CT 1227 | 太上助國救民總真祕要 | 30 / 032 | |
| CT 1228 | 正一論 | 08 / 057 | |
| CT 1229 | 全真坐缽捷法 | 27 / 036 | |
| CT 1230 | 太平御覽 | [28 / 009] | |
| CT 1231 | 道書援神契 | 28 / 010 | |
| CT 1232 | 道門十規 | 42 / 027 | |
| CT 1233 | 重陽立教十五論 | 26 / 021 | |
| CT 1234 | 丹陽真人直言 | 26 / 028 | |
| CT 1235 | 全真清規 | 27 / 035 | |
| CT 1236 | 太上出家傳度儀 | 42 / 023 | |
| CT 1237 | 三洞修道儀 | 42 / 022 | |
| CT 1238 | 傳授經戒儀注訣 | 08 / 018 | |
| CT 1239 | 正一修真略儀 | 42 / 011 | |
| CT 1240 | 洞玄靈寶道士受三洞經誡法籙擇日曆 | 42 / 013 | |
| CT 1241 | 傳授三洞經戒法籙略說 | 42 / 012 | |
| CT 1242 | 正一法文法籙部儀 | 08 / 027 | |
| CT 1243 | 正一法文太上外籙儀 | 08 / 028 | |

| | | |
|---|---|---|
| CT 1244 | 受籙次第法信儀 | 42 / 018 |
| CT 1245 | 洞玄靈寶道士明鏡法 | 04 / 075 |
| CT 1246 | 洞玄靈寶課中法 | 08 / 036 |
| CT 1247 | 太清玉司左院祕要上法 | 32 / 066 |
| CT 1248 | 三洞群仙錄 | 45 / 010 |
| CT 1249 | 三十代天師虛靖真君語錄 | 26 / 018 |
| CT 1250 | 沖虛通妙侍宸王先生家話 | 31 / 015 |
| CT 1251 | 虛靜沖和先生徐神翁語錄 | 32 / 028 |
| CT 1252 | 靜餘玄問 | 19 / 072 |
| CT 1253 | 道法心傳 | 31 / 017 |
| CT 1254 | 雷法議玄篇 | 31 / 016 |
| CT 1255 | 老子微旨例略 | 09 / 010 |
| CT 1256 | 真仙直指語錄 | 27 / 003 |
| CT 1257 | 群仙要語纂集 | 27 / 042 |
| CT 1258 | 諸真內丹集要 | 27 / 004 |
| CT 1259 | 龍虎精微論 | 19 / 035 |
| CT 1260 | 三要達道篇 | 26 / 015 |
| CT 1261 | 六根歸道篇 | 26 / 016 |
| CT 1262 | 意林 | 25 / 007 |
| CT 1263 | 莊列十論 | 26 / 013 |
| CT 1264 | 離峰老人集 | 27 / 002 |
| CT 1265 | 北帝七元紫庭延生祕訣 | 30 / 027 |
| CT 1266 | 鄧天君玄靈八門報應內旨 | 32 / 026 |
| CT 1267 | 九天上聖祕傳金符經 | 32 / 025 |
| CT 1268 | 天皇太一神律避穢經 | 18 / 035 |
| CT 1269 | 上清修身要事經 | 02 / 035 |
| CT 1270 | 正一法文修真旨要 | 08 / 024 |
| CT 1271 | 洞玄靈寶真人修行延年益算法 | 04 / 074 |
| CT 1272 | 三洞道士居山修鍊科 | 42 / 005 |
| CT 1273 | 正一天師告趙昇口訣 | 08 / 053 |
| CT 1274 | 玄和子十二月卦金訣 | 18 / 034 |
| CT 1275 | 雨暘氣候親機 | 31 / 020 |
| CT 1276 | 盤天經 | 32 / 018 |

| | | |
|---|---|---|
| CT 1277 | 道法宗旨圖衍義 | 31 / 019 |
| CT 1278 | 洞玄靈寶五感文 | 08 / 059 |
| CT 1279 | 靈書肘後鈔 | 32 / 055 |
| CT 1280 | 玄壇刊誤論 | 42 / 021 |
| CT 1281 | 五嶽真形序論 | 04 / 067 (°) |
| CT 1282 | 高上神霄宗師受經式 | 31 / 007 |
| CT 1283 | 太上洞神行道授度儀 | 04 / 089 |
| CT 1284 | 太上洞神三皇傳授儀 | 04 / 091 |
| CT 1285 | 翊聖保德傳 | 46 / 024 |
| CT 1286 | 廬山太平興國宮採訪真君事實 | 46 / 034 |
| CT 1287 | 正一法文經護國醮海品 | 08 / 023 |
| CT 1288 | 元辰章醮立成曆 | 32 / 024 |
| CT 1289 | 六十甲子本命元辰曆 | 32 / 023 |
| CT 1290 | 太上洞神洞淵神咒治病口章 | 30 / 010 |
| CT 1291 | 上清經祕訣 | 02 / 050 |
| CT 1292 | 靈寶鍊度五仙安靈鎮神黃繒章法 | 03 / 042 |
| CT 1293 | 上清太微帝君結帶真文法 | 02 / 055 |
| CT 1294 | 上清黃書過度儀 | 08 / 050 |
| CT 1295 | 太上洞玄靈寶二部傳授儀 | 04 / 080 |
| CT 1296 | 洞玄靈寶八節齋宿啟儀 | 43 / 038 |
| CT 1297 | 洞玄靈寶五老攝召北酆鬼魔赤書玉訣 | 03 / 003 |
| CT 1298 | 四聖真君靈籤 | 32 / 005 |
| CT 1299 | 玄真靈應寶籤 | 32 / 006 |
| CT 1300 | 大慈好生九天衛房聖母元君靈應寶籤 | 32 / 007 |
| CT 1301 | 洪恩靈濟真君靈籤 | 32 / 009 |
| CT 1302 | 靈濟真君注生堂靈籤 | 32 / 010 |
| CT 1303 | 扶天廣聖如意靈籤 | 32 / 004 |
| CT 1304 | 贛州聖濟廟靈跡理 | 32 / 008 (*) |
| CT 1305 | 護國嘉濟江東王靈籤 | 32 / 008 (*) |
| CT 1306 | 葛仙翁肘後備急方 | 21 / 002 |
| CT 1307 | 海瓊白真人語錄 | 19 / 071 |
| CT 1308 | 海瓊問道集 | 19 / 069 |
| CT 1309 | 海瓊傳道集 | 19 / 070 |

| | | |
|---|---|---|
| CT 1310 | 清和真人北遊語錄 | 26 / 041 (°) |
| CT 1311 | 峴泉集 | 26 / 019 |
| CT 1312 | 太上大道玉清經 | 04 / 096 |
| CT 1313 | 洞真高上玉帝大洞雌一玉檢五老寶經 | 01 / 004 |
| CT 1314 | 洞真太上素靈洞元大有妙經 | 01 / 007 |
| CT 1315 | 洞真上清青要紫書金根眾經 | 01 / 034 |
| CT 1316 | 洞真上清太微帝君步天綱飛地紀金簡玉字上經 | 01 / 020 |
| CT 1317 | 洞真上清開天三圖七星移度經 | 01 / 042 |
| CT 1318 | 洞真太上三元流珠經 | 02 / 040 |
| CT 1319 | 洞真西王母寶神起居經 | 02 / 026 |
| CT 1320 | 洞真太上八素真經精耀三景妙訣 | 01 / 015 |
| CT 1321 | 洞真太上八素真經修習功業妙訣 | 01 / 016 |
| CT 1322 | 洞真太上八素真經三五行化妙訣 | 01 / 017 |
| CT 1323 | 洞真太上八素真經服食日月皇華訣 | 01 / 014 |
| CT 1324 | 洞真太上八素真經登壇符札妙訣 | 01 / 018 |
| CT 1325 | 洞真太上八素真經占候入定妙訣 | 01 / 019 |
| CT 1326 | 洞真上清龍飛九道尺素隱訣 | 01 / 056 |
| CT 1327 | 洞真太上三九素語玉精真訣 | 01 / 035 |
| CT 1328 | 洞真太上八道命籍經 | 02 / 032 |
| CT 1329 | 太上九赤班符五帝內真經 | 01 / 046 (°) |
| CT 1330 | 洞真太一帝君太丹隱書洞真玄經 | 01 / 039 |
| CT 1331 | 洞真上清神州七轉七變舞天經 | 01 / 038 |
| CT 1332 | 洞真太上紫度炎光神元變經 | 01 / 033 (°) |
| CT 1333 | 洞真太上神虎玉經 | 01 / 049 |
| CT 1334 | 洞真太上神虎隱文 | 01 / 050 |
| CT 1335 | 洞真太上紫文丹章 | 01 / 070 |
| CT 1336 | 洞真太上金篇虎符真文經 | 01 / 048 |
| CT 1337 | 洞真太微金虎真符 | 01 / 047 |
| CT 1338 | 洞真太上太素玉籙 | 02 / 054 |
| CT 1339 | 洞真八景玉籙晨圖隱符 | 02 / 078 |
| CT 1340 | 洞真太上倉元上錄 | 02 / 098 |
| CT 1341 | 洞真太上上皇民籍定真玉籙 | 02 / 099 |
| CT 1342 | 洞真太上紫書籙傳 | 02 / 057 |

| | | |
|---|---|---|
| CT 1343 | 洞真黃書 | 08 / 049 |
| CT 1344 | 洞真太上說智慧消魔真經 | 02 / 058 |
| CT 1345 | 洞真太上道君元丹上經 | 01 / 008 |
| CT 1346 | 洞真金房度命綠字迴年三華寶曜內真上經 | 02 / 039 |
| CT 1347 | 洞真太上上清內經 | 02 / 056 |
| CT 1348 | 洞真太上丹景道精經 | 02 / 060 |
| CT 1349 | 洞真太上青牙始生經 | 02 / 059 |
| CT 1350 | 洞真三天祕諱 | 08 / 051 |
| CT 1351 | 洞真太上飛行羽經九真昇玄上記 | 02 / 001 |
| CT 1352 | 洞真太上太霄琅書 | 01 / 067 |
| CT 1353 | 上清道寶經 | 28 / 008 |
| CT 1354 | 上清太上開天龍蹻經 | 02 / 100 |
| CT 1355 | 上清太上玉清隱書滅魔神慧高玄真經 | 01 / 069 (*) |
| CT 1356 | 上清高上滅魔玉帝神慧玉清隱書 | 01 / 069 (*) |
| CT 1357 | 上清高上滅魔洞景金元玉清隱書經 | 01 / 069 (*) |
| CT 1358 | 上清高上金元羽章玉清隱書經 | 01 / 069 (*) |
| CT 1359 | 上清丹景道精隱地八術經 | 01 / 037 |
| CT 1360 | 上清九天上帝祝百神內名經 | 01 / 006 |
| CT 1361 | 上清七聖玄紀經 | 02 / 020 |
| CT 1362 | 上清太上迴元隱道除罪籍經 | 01 / 025 |
| CT 1363 | 上清太極真人撰所施行祕要經 | 02 / 027 |
| CT 1364 | 上清洞真智慧觀身大戒文 | 02 / 095 |
| CT 1365 | 上清元始譜錄太真玉訣 | 02 / 083 |
| CT 1366 | 上清天關三圖經 | 01 / 043 |
| CT 1367 | 上清河圖內玄經 | 02 / 006 |
| CT 1368 | 上清迴神飛霄登空招五星上法經 | 02 / 043 |
| CT 1369 | 上清化形隱景登昇保仙上經 | 02 / 044 |
| CT 1370 | 上清迴耀飛光日月精華上經 | 02 / 069 |
| CT 1371 | 上清素靈上篇 | 01 / 010 |
| CT 1372 | 上清高上玉晨鳳臺曲素上經 | 01 / 053 |
| CT 1373 | 上清外國放品青童內文 | 01 / 029 |
| CT 1374 | 上清諸真人授經時頌金真章 | 02 / 065 |
| CT 1375 | 上清無上金元玉清金真飛元步虛玉章 | 02 / 066 |

| | | |
|---|---|---|
| CT 1376 | 上清太上帝君九真中經 | 01 / 021 |
| CT 1377 | 上清太上九真中經絳生神丹訣 | 01 / 022 |
| CT 1378 | 上清金真玉光八景飛經 | 01 / 012 |
| CT 1379 | 上清玉帝七聖玄紀迴天九霄經 | 01 / 064 |
| CT 1380 | 上清太上黃素四十四方經 | 01 / 065 |
| CT 1381 | 上清明堂玄丹真經 | 01 / 009 |
| CT 1382 | 上清九丹上化胎精中記經 | 01 / 044 |
| CT 1383 | 上清太上元始耀光金虎鳳文章寶經 | 01 / 052 |
| CT 1384 | 上清太一帝君太丹隱書解胞十二結節圖訣 | 01 / 041 |
| CT 1385 | 上清洞真天寶大洞三景寶籙 | 02 / 079 |
| CT 1386 | 上清大洞三景玉清隱書訣籙 | 02 / 080 |
| CT 1387 | 上清元始高上玉皇九天譜錄 | 02 / 084 |
| CT 1388 | 上清金真玉皇上元九天真靈三百六十五部元錄 | 02 / 089 (°) |
| CT 1389 | 上清高聖太上大道君洞真金元八景玉籙 | 02 / 077 (°) |
| CT 1390 | 上清洞天三五金剛玄籙儀 | 08 / 035 |
| CT 1391 | 上清瓊宮靈飛六甲籙 | 01 / 058 |
| CT 1392 | 上清曲素訣辭籙 | 01 / 054 |
| CT 1393 | 上清元始變化寶真上經九靈太妙龜山玄籙 | 01 / 061 |
| CT 1394 | 上清高上龜山玄籙 | 01 / 063 |
| CT 1395 | 上清大洞九微八道大經妙籙 | 01 / 027 |
| CT 1396 | 上清河圖寶籙 | 02 / 007 |
| CT 1397 | 四斗二十八宿天帝大籙 | 08 / 031 |
| CT 1398 | 大乘妙林經 | 05 / 024 |
| CT 1399 | 太上元寶金庭無為妙經 | 19 / 008 |
| CT 1400 | 上清黃庭養神經 | 23 / 009 |
| CT 1401 | 太上黃庭中景經 | 23 / 008 |
| CT 1402 | 上清黃庭五藏六府真人玉軸經 | 23 / 011 |
| CT 1403 | 上清偈府瓊林經 | 02 / 037 (°) |
| CT 1404 | 上清太極真人神仙經 | 02 / 029 |
| CT 1405 | 長生胎元神用經 | 23 / 034 |
| CT 1406 | 太上靈寶芝草品 | 04 / 005 (°) |
| CT 1407 | 洞玄靈寶二十四生圖經 | 04 / 003 |
| CT 1408 | 玉清上宮科太真文 | 02 / 096 |

| | | |
|---|---|---|
| CT 1409 | 太上九真明科 | 01 / 011 |
| CT 1410 | 洞玄靈寶千真科 | 42 / 004 |
| CT 1411 | 洞玄靈寶長夜之府九幽玉匱明真科 | 03 / 022 |
| CT 1412 | 太上元始天尊說北帝伏魔神咒妙經 | 30 / 016 |
| CT 1413 | 北帝伏魔經法建壇儀 | 30 / 018 |
| CT 1414 | 伏魔經壇謝恩醮儀 | 30 / 019 |
| CT 1415 | 北帝說豁落七元經 | 30 / 020 |
| CT 1416 | 七元真訣語驅疫祕經 | 30 / 021 |
| CT 1417 | 七元璇璣召魔品經 | 30 / 022 |
| CT 1418 | 元始說度酆都經 | 30 / 023 |
| CT 1419 | 七元召魔伏六天神咒經 | 30 / 024 |
| CT 1420 | 七元真人說神真靈符經 | 30 / 025 |
| CT 1421 | 太上紫微中天七元真經 | 30 / 026 |
| CT 1422 | 枕中經 | 32 / 049 |
| CT 1423 | 太清元道真經 | 23 / 016 |
| CT 1424 | 太上老君太素經 | 08 / 007 |
| CT 1425 | 靈信經旨 | 32 / 003 |
| CT 1426 | 唐太古妙應孫真人福壽論 | 42 / 032 |
| CT 1427 | 太清道林攝生論 | 23 / 056` |
| CT 1428 | 侍帝晨東華上佐司命楊君傳記 | 46 / 011 |
| CT 1429 | 長春真人西遊記 | 47 / 001 |
| CT 1430 | 道藏闕經目錄 | 49 |
| CT 1431 | 道藏經目錄 | 49 |
| CT 1432 | 太上中道妙法蓮華經 | 05 / 004 |
| CT 1433 | 太上元始天尊說寶月光皇后聖母天尊孔雀明王經 | 30 / 042 (*) |
| CT 1434 | 聖母孔雀明王尊經啟白儀 | 30 / 042 (*) |
| CT 1435 | 太上元始天尊說孔雀經白文 | 30 / 042 (*) |
| CT 1436 | 上清元始變化寶真上經 | 01 / 062 |
| CT 1437 | 太上老君開天經 | 08 / 005 |
| CT 1438 | 太上老君虛無自然本起經 | 08 / 006 |
| CT 1439 | 洞玄靈寶玉京山步虛經 | 03 / 007 |
| CT 1440 | 皇經集注（高上玉皇本行集經注） | 06 / 092 (°) |
| CT 1441 | 元始天尊說東嶽化身濟生度死拔罪解冤 | |

|  |  |  |
|---|---|---|
|  | 保命玄範誥咒妙經 | 06 / 081 |
| CT 1442 | 太上三元賜福赦罪解厄消災延生保命妙經 | 06 / 080 |
| CT 1443 | 太上元陽上帝無始天尊說火車王靈官真經 | 32 / 062 |
| CT 1444 | 元始天尊說藥王救八十一難真經 | 06 / 086 (°) |
| CT 1445 | 碧霞元君護國庇民普濟保生妙經 | 06 / 082 |
| CT 1446 | 太上大聖朗靈上將護國妙經 | 06 / 085 |
| CT 1447 | 太上老君說城隍感應消災集福妙經 |  |
|  | （護國保寧佑聖王威靈公感應城隍經） | 06 / 084 (°) |
| CT 1448 | 太上洞玄靈寶五顯觀華光本行妙經 | 04 / 055 (°) |
| CT 1449 | 太上說通真高皇解冤經 | 06 / 071 |
| CT 1450 | 中天紫微星真寶懺 | 44 / 036 |
| CT 1451 | 紫皇鍊度玄科 | 44 / 055 |
| CT 1452 | 先天斗母奏告玄科 | 06 / 116 |
| CT 1453 | 朝真發願懺悔文 | 44 / 041 |
| CT 1454 | 靈寶施食法 | 04 / 076 |
| CT 1455 | 太微帝君二十四神回元經 | 02 / 012 |
| CT 1456 | 北斗九皇隱諱經 | 02 / 008 |
| CT 1457 | 高上玉宸憂樂章 | 02 / 062 |
| CT 1458 | 太上洞真徊玄章 | 02 / 063 |
| CT 1459 | 上清金章十二篇 | 02 / 064 |
| CT 1460 | 太上洞玄濟眾經 | 05 / 006 |
| CT 1461 | 大洞經吉祥神咒法 | 06 / 095 |
| CT 1462 | 皇明恩命世錄 | 46 / 022 |
| CT 1463 | 漢天師世家 | 46 / 023 |
| CT 1464 | 弘道錄 | 25 / 010 |
| CT 1465 | 消搖墟經 | 45 / 014 |
| CT 1466 | 長生詮經 | 23 / 052 |
| CT 1467 | 無生訣經 | 23 / 053 |
| CT 1468 | 徐仙翰藻 | 31 / 065 |
| CT 1469 | 贊靈集 | 31 / 067 |
| CT 1470 | 徐仙真錄 | 31 / 066 |
| CT 1471 | 儒門崇理折衷堪輿完孝錄 | 32 / 015 |
| CT 1472 | 岱史 | 48 / 014 |

| | | |
|---|---|---|
| CT 1473 | 易因 | 17 / 004 |
| CT 1474 | 古易考原 | 17 / 003 |
| CT 1475 | 易林 | 16 / 013 |
| CT 1476 | 搜神記 | 45 / 015 |
| CT 1477 | 太初元氣接要保生之論 | 19 / 037 |
| CT 1478 | 化書 | [26 / 012] (*) |
| CT 1479 | 水鏡錄 | 42 / 035 |
| CT 1480 | 許真君玉匣記 | 32 / 027 (*) |
| CT 1481 | 法師選擇記 | 32 / 027 (*) |
| CT 1482 | 玄天上帝百字聖號 | 30 / 043 |
| CT 1483 | 天皇至道太清玉冊 | 28 / 011 |
| CT 1484 | 呂祖志 | 46 / 031 |
| CT 1485 | 紫微斗數 | 32 / 021 |
| CT 1486 | 老子翼 | 12 / 014 |
| CT 1487 | 莊子翼 | 14 / 004 |

## Dunhuang Manuscripts

| | |
|---|---|
| 一切道經序 | 05 / 033 |
| 三洞奉道科戒儀範 | 42 / 002 |
| 上元經 | 30 / 004 |
| 上清三真旨要玉訣 | 02 / 023 |
| 上清修行祕訣 | 02 / 025 |
| 大道通玄要 | 28 / 002 |
| 元始應變歷化經 | 04 / 097 |
| 天尊說禁誡經 | 42 / 030 |
| 天尊說隨願往生罪福報對次說預修文妙經 | 04 / 047 |
| 太上元陽經 | 04 / 099 |
| 太上正一度仙靈籙儀 (擬) | 08 / 034 |
| 太上正一閱眾籙儀 (擬) | 08 / 039 |
| 太上正一閱紫籙儀 (擬) | 08 / 040 |
| 太上玉珮金璫太極金書上經 | 01 / 059 (附錄) |

| | |
|---|---|
| 太上妙法本相經 | 05 / 002 |
| 太上洞玄靈寶下元黃錄簡文威儀經 | 03 / 021 |
| 太上洞玄靈寶元始無量度人上品妙經 | 03 / 026 |
| 太上洞玄靈寶天尊名 | 04 / 034 |
| 太上洞玄靈寶昇玄內教經 | 05 / 007 |
| 太上洞玄靈寶空洞靈章經 | 03 / 006 |
| 太上洞玄靈寶真文度人本行妙經 | 03 / 024 |
| 太上洞玄靈寶淨土生神經 | 04 / 029 |
| 太上洞玄靈寶眾篇序經 | 04 / 017 |
| 太上洞淵神咒經 | 30 / 002 |
| 太上洞淵神咒齋儀 | 30 / 011 |
| 太上濟眾經 | 05 / 005 |
| 太上靈寶老子化胡妙經 | 08 / 013 |
| 太上靈寶威儀洞玄真一自然經訣 | 04 / 010 |
| 太上靈寶洗浴身心經 | 06 / 013 |
| 太平經目錄 | 07 / 001 |
| 太玄真一三善行法發願經 | 05 / 016 |
| 太玄真一本際經 | 05 / 015 |
| 太極左仙公請問經 | 04 / 013 |
| 太極真人問功德行業經 | 04 / 016 |
| 仙人請問本行因緣眾聖難經 | 04 / 014 |
| 玄言新記明老部 | 09 / 013 |
| 老子十方像名經 | 06 / 031 |
| 老子化胡經 | 08 / 012 |
| 老子玄通經 | 06 / 030 |
| 老子道德經 | 09 / 003 |
| 老子道德經序訣 | 09 / 009 |
| 老子道德經注 | 09 / 012 |
| 老子道德經開題序訣義疏 | 09 / 014 |
| 老子道德經想爾注 | 09 / 008 |
| 老子說百八十戒序 | 08 / 064 |
| 老子說法食禁誡經 | 08 / 065 |
| 老子說罪福大報應經卷 | 06 / 029 |

| | |
|---|---|
| 老子變化經 | 08 / 010 |
| 洞玄靈寶自然齋戒威儀經 (擬) | 43 / 039 |
| 神人說三元威儀觀行經 | 42 / 009 |
| 陶公傳授儀 (擬) | 04 / 092 |
| 尊下長樂經 (擬) | 08 / 056 |
| 敦煌失題道教類書七種 | 28 / 003 |
| 敦煌本靈寶金籙齋儀 | 43 / 001 |
| 無上金玄上妙道德玄經 | 08 / 001 |
| 紫文行事訣 | 02 / 033 |
| 葉淨能詩 | 46 / 019 |
| 道德真經注疏 | 10 / 002 (附錄) |
| 道德義淵 | 05 / 028 |
| 靈真戒拔除生濟苦經 | 04 / 049 |
| 靈棋卜法 | 32 / 002 |
| 靈寶經義疏 | 05 / 027 |

## Other Texts

| | | |
|---|---|---|
| 太平御覽 (j. 659-679) | 中華書局影印宋刻本 | 28 / 009 |
| 太平經 | 合校本 (王明) | 07 / 006 |
| 太清風露經 | 北京圖書館藏本 (藏外道書) | 23 / 038 |
| 老子道德經 | 郭店楚簡本 | 09 / 001 |
| 老子道德經 | 馬王堆帛書本 | 09 / 002 |
| 周易參同契分章注 | 道藏輯要本 | 16 / 009 |
| 神仙傳 | 四庫全書本 | 45 / 002 |
| 通玄真經 | 河北定縣漢墓竹簡本 | 15 / 007 |
| 道德經古本集注 | 續古逸叢書本 | 11 / 010 |

www.ingramcontent.com/pod-product-compliance
Ingram Content Group UK Ltd.
Pitfield, Milton Keynes, MK11 3LW, UK
UKHW041435180426
11947UKWH00007B/459